LA

FERTÉ-BERNARD

SON HISTOIRE

ET SES MONUMENTS

PAR L. CHARLES

Membre de la Société Française pour la conservation des Monuments historiques

AU MANS

IMPRIMERIE MONNOYER, PLAC

1855

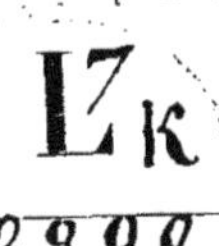

LA

FERTÉ-BERNARD

SON HISTOIRE

ET SES MONUMENTS

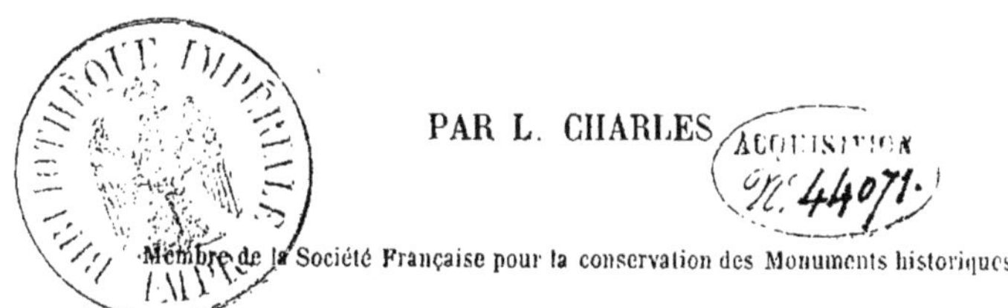

PAR L. CHARLES

Membre de la Société Française pour la conservation des Monuments historiques

AU MANS

IMPRIMERIE MONNOYER, PLACE DES JACOBINS

—

1855

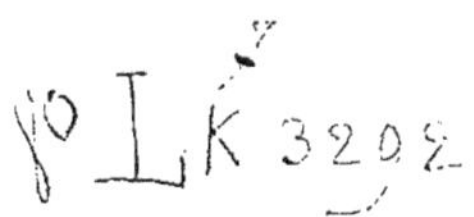

DESCRIPTION

DE

LA FERTÉ-BERNARD.

SON HISTOIRE ET SES MONUMENTS.

Depuis que l'ouverture du chemin de fer de l'Ouest permet au touriste parisien de franchir en quatre heures la distance qui le sépare du département de la Sarthe, une excursion dans le Maine est chose si facile qu'elle va devenir commune. Ce pays doit s'en féliciter, car il gagnera certainement à être mieux connu. Il est resté jusqu'ici, il faut en convenir, sous le coup de la calomnie. Les médisants du XVIIe siècle, Scarron, l'auteur du *Roman comique*, Boileau, Racine, entre autres, avaient nui à sa réputation. Il n'excitait guère qu'un intérêt gastronomique; et, dans les lieux voisins de la Seine, on le croyait, trop facilement, voué exclusivement au culte de la dixième muse de Brillat-Savarin. Erreur et injustice : le Maine est un pays comme un autre, où rien ne fait songer, plus qu'ailleurs, aux poulardes traditionnelles et aux classiques chapons. Peu égoïste du reste, il exporte libéralement à Paris, qui le reçoit et le consomme sans mauvaise honte, le tribut de ses productions, et ne réserve que fort peu de chose pour lui-même.

On rencontre, dans cette contrée, des sites pittoresques

des localités curieuses, des monuments à visiter, et, comme elle a été moins explorée que d'autres, l'artiste et l'amateur trouveront là une mine presque vierge à exploiter. C'est d'abord Le Mans, avec sa vaste cathédrale et ses vieilles maisons; au delà du Mans, dans le sud du département, Sablé et l'abbaye de Solesmes, dont les célèbres sculptures n'ont jamais été reproduites par la gravure; du côté de la Normandie, vers le département de l'Orne, Fresnay, le cours de la Sarthe et ses sites agrestes, les gorges sauvages de Saint-Léonard-des-Bois; à quelques lieues de là, en descendant à l'ouest, Sillé, que le chemin de fer va bientôt traverser, et ses environs, où de vieux châteaux font rêver à ces sombres légendes qu'a poétisées Walter-Scott; et, sans aller si loin, sur la ligne de fer, actuellement en activité, La Ferté-Bernard, avec sa charmante église, moitié gothique, moitié renaissance.

I.

C'est la première ville que l'on rencontre sur le territoire de l'ancien Maine, en venant de Paris. On l'aperçoit à demi voilée derrière un rideau de peupliers, au milieu des prairies de la vallée de l'Huisne, qui règne de Nogent-le-Rotrou jusqu'au Mans. Son clocher gothique qui se dessine sur le ciel, les toits aigus de vieilles fortifications, lui donnent, de loin, une physionomie historique, que l'intérieur de la cité ne dément pas. Parcourez sa principale rue, et vous reconnaîtrez vite que l'humble chef-lieu de canton d'aujourd'hui eut, aux temps féodaux, une tout autre importance. De vieilles maisons de tous les âges, un hospice, une halle, un hôtel de ville, et surtout une église des plus intéressantes, sont autant de témoins de sa splendeur passée. La Ferté était, au XVe siècle, le siége d'une baronnie, possédant alors tout ce qui, selon la coutume du Maine, doit constituer cette seigneurie : « trois châtelains « sujets du corps de la baronnie, ville close, abbaye, prieuré

Lith. Monnoyer au Mans. L. Charles Lith.

PORTE DE VILLE DE LA FERTÉ-BERNARD

« conventuel ou collége, avec forêt (1). » La baronnie fut érigée en duché-pairie, vers le milieu du XVIe siècle, en faveur de la maison de Guise, déjà puissante ; l'influence des princes lorrains, toujours croissante, releva leurs domaines, et La Ferté acquit alors, sous leur patronage, une importance qu'elle a perdue depuis.

L'enceinte fortifiée de l'île, qui forme la ville basse, ne datait que de la fin du XIIIe siècle; mais le château, presque entièrement détruit aujourd'hui, était bien plus ancien. Il figure, dès le XIe siècle, dans l'histoire du Maine. Avesgaud, évêque du Mans, de la famille de Bellême, au Perche, poursuivi par le comte Herbert *Éveille-Chien*, qui dut son singulier surnom à des expéditions nocturnes, se réfugia dans son château de La Ferté, où Herbert vint l'assiéger avec une armée de Manceaux et de Bretons. Le prélat se rendit. La famille de Bellême posséda la seigneurie jusqu'à la fin du XIIIe siècle.

Quelques faits intéressants signalent cette période de la maison de Bellême :

En 1096, un Bernard de La Ferté suit le comte du Perche, son suzerain, en Palestine, et a le bonheur d'être du petit nombre de ceux qui revoient la France.

Au XIIe siècle, en 1168, le roi Louis VII et Henri II d'Angleterre ont une entrevue à La Ferté, où se trouve aussi le cardinal de Pavie. On espérait y traiter de la paix : mais Eudes de Bretagne reproche violemment au monarque anglais l'outrage fait à sa fille, du nom d'Alice, retenue à Londres en otage, et les négociations sont rompues.

Vingt-un ans plus tard, La Ferté reçoit encore deux rois ennemis dans ses murs, le même Henri et Philippe-Auguste,

(1) Les Coustumes du pays et comté du Maine, avec les commentaires de Mre Jullian Bodreav, advocat au siége présidial du Mans, p. 107.

accompagnés tous deux d'un grand nombre de prélats et de seigneurs. Le cardinal d'Anagni, légat du pape, voulant mettre un terme à la querelle qui divise ces deux princes et retarde l'exécution d'une croisade projetée, a ménagé cette entrevue. Mais la discorde se met encore dans l'assemblée. Philippe s'emporte contre le légat; Richard-Cœur-de-Lion, qui prélude à ses bouillants exploits, prenant parti contre son père Henri II, est moins conciliant encore; il tire son épée pour en percer le cardinal, qui n'a que le temps de monter sur sa mule et de s'enfuir à la hâte. On se sépare pour combattre. L'armée française, campée sur les frontières du Maine, à peu de distance de La Ferté, s'avance et prend cette place; elle emporte ensuite Montfort, Malestable, Beaumont, et poursuit si vivement les Anglais, qu'elle entre avec eux dans les murs du Mans (1189).

Le château de La Ferté, où les passions féodales viennent de se montrer dans toute leur violence, est, l'année suivante, le théâtre d'une scène bien différente. Bernard, le seigneur d'alors, naguère témoin, sinon acteur, dans cette tumultueuse assemblée qui a failli ensanglanter son manoir, Bernard se meurt. Comme beaucoup de ses contemporains, peut-être, il n'a connu, durant sa vie, d'autre droit que celui de l'épée; mais, avec la maladie, le remords est venu, la conscience a parlé. Ce qui l'a peu préoccupé jusqu'ici le tourmente et l'inquiète. Il se rappelle qu'il a jadis emprunté 10 livres à Tours, sous le sceau de l'abbaye de la Couture du Mans, et qu'il n'a jamais voulu acquitter cette dette, malgré les vives instances des moines. Sentant approcher sa fin, il rassemble autour de son lit sa femme, son fils, son frère, ses vassaux, et les supplie de satisfaire aux justes réclamations de l'abbaye, si Dieu ne lui laisse pas le temps de le faire lui-même. Plusieurs vassaux, émus à ce spectacle, jurent sur l'Évangile d'accomplir les dernières volontés de leur seigneur mourant. Quelques jours plus tard (1), le fils de Bernard, après avoir assisté aux funérailles de son père, se rend à la Couture, avec son oncle et sa mère, et là il s'oblige à rester en otage si, dans un certain délai, il n'a pas soldé toute la dette.

Ce fait n'est pas seulement touchant, il a un intérêt historique réel, en ce qu'il complète et adoucit le tableau des mœurs de cette époque, dont la scène de 1189, prise isolément, nous donnerait une idée trop défavorable. Alors, sans doute, les actions sont loin d'être irréprochables, mais du moins on ne cherche point à justifier le mobile qui fait agir, c'est-à-dire la passion : on n'érige point en principes moraux ses mauvais sentiments; on ne raisonne point ses vices, on les subit, et, tôt ou tard, on les condamne soi-même; on se repent, parce que la foi reprend son empire. Combien l'histoire de ces âges ne nous présente-t-elle pas de traits semblables, où la religion triomphe de la force; où elle réprime, quand l'équité n'a point d'autre appui qu'elle! Ce n'était point une lettre morte que la légende inscrite par le Moyen-Age sur ses monnaies : « Christus vincit, Christus regnat, Christus imperat. »

Bernard, un an avant sa mort, avait fondé le monastère de N. D. de la Pelice, de l'ordre de Saint-Benoît, à peu de distance de La Ferté, sur les bords de l'Huisne. La dotation en était réglée depuis 1170, et il semble qu'on ait profité de la présence du légat du pape, le cardinal d'Anagni, pour trancher les dernières difficultés. L'acte de fondation ne fut rédigé qu'en 1205, au Mans. L'abbaye de la Pelice avait la nomination aux cures de quelques paroisses du Fertois; elle possédait aussi le prieuré de Saint-Blaise-des-Vignes, dont on voit les restes, à une demi-lieue du Mans, dans un charmant vallon, aussi calme que son nom. Le monastère paraît avoir eu de bonne heure des abbés commendataires, qui hâtèrent sa ruine. Il ne reçut point

(1) Hist. de la Couture.

la réforme de Saint-Maur. Jéhan des Ursins, évêque de Tréguier, fut abbé de la Pelice et assista en cette qualité à l'assemblée des trois ordres de la province du Perche à Nogent-le-Rotrou, pour la rédaction de la Coutume (1558). Sillery de Genlis, évêque de Soissons, était abbé, vers la fin du XVIIe siècle : de Pontac, aumônier de la Reine, au milieu du XVIIIe. Celui-ci, pour se décharger d'un coûteux entretien, fit abattre une partie des bâtiments et même de l'église. Déjà la mense monacale de la Pelice avait été réunie au séminaire-hôpital de Saint-Charles du Mans. En vain l'administration fertoise protesta, et, par ses délibérations, réclama en faveur d'un monastère « où reposaient les cendres des anciens comtes de Bellême, défunts d'illustre mémoire » ; sa ruine fut consommée. Le successeur de l'abbé de Pontac, Le Franc des Fontaines, vicaire-général de Tréguier, fit abattre ce qui restait des cloîtres, pour construire le beau corps de logis qu'on voit aujourd'hui. Par une disposition singulière, les pièces habitables avaient été originairement placées au nord; attention délicate, dit-on, de l'abbé des Fontaines pour sa protectrice, Mme de Rohan, dont il attendait la visite pendant l'été, et qu'il voulait faire jouir de toute la fraîcheur de la prairie. Ce prélat, qui se signala par sa grande charité pendant le terrible hiver de 1789, est mort dans l'émigration, où il avait emporté les titres de l'abbaye, titres perdus par conséquent (1).

Mais laissons les abbés commendataires et leur désastreuse gestion, pour revenir au Moyen-Age. A la fin du XIIIe siècle, le domaine de La Ferté retourna à la couronne, par l'extinction de cette famille des Bernard, qui a donné son surnom à la ville. Il fut plus tard cédé à la maison d'Amboise, et passa, par

(1) La Pelice, d'après les frères de Sainte-Marthe, était soumise à l'abbaye de Tyron, dont les titres et les cartulaires se trouvent maintenant aux archives du département d'Eure-et-Loir; il ne serait pas impossible de retrouver, dans ce dépôt, quelques documents relatifs à la Pelice.

héritage, dans celle de Craon. A la fin du xive siècle, Pierre, indigne héritier de ce nom, tenta d'assassiner, à Paris, le connétable de Clisson, et encourut la confiscation de ses biens, pour ce crime. Lorsque l'on vint prendre possession « du « beau château de La Ferté-Bernard, dans lequel il y avait bien « pour 40,000 écus de meubles, » disent les chroniques, et où l'on soupçonnait que le sire de Craon se tenait caché, on n'y trouva que sa femme, Jeanne de Châtillon, et sa fille Marie, la plus belle personne de son temps, que l'on chassa demi-nues (1).

L'époux de Valentine de Milan, le duc d'Orléans, jouit pendant peu d'années des dépouilles de Pierre de Craon. Il fut assassiné en 1407, et La Ferté devint alors la propriété de la maison d'Anjou, créancière depuis longtemps de celle de Craon. Elle passa, à la fin du xve siècle, dans la famille de Lorraine, et resta, durant tout le xvie siècle, entre les mains « de ces « princes, qui avaient si bonne mine, au dire de la maréchale « de Retz, qu'auprès d'eux tous les autres princes paraissaient « peuple. » Une femme seule pouvait ajouter un tel éloge à ceux que les talents militaires et politiques des Guise leur avaient si justement attirés. Le dernier possesseur eut une fin digne de sa race: il périt dans la tranchée, au siége de Montauban, en 1621. La terre de La Ferté fut alors achetée par le duc de Villars-Brancas, qui la revendit au cardinal de Richelieu. La famille du grand cardinal l'a conservée jusqu'à la Révolution. La Ferté a donc eu, de tous temps, d'illustres maîtres : Guise, Villars, Richelieu, sont des noms qu'on aime à retrouver dans ses annales, et dont on a le droit d'être fier (2).

(1) Nous donnons plus loin le procès-verbal de saisie des château et ville de La Ferté sur Pierre de Craon. Nous devons ce document inédit à M. Bilard, archiviste du département.

(2) Les biens fonds composant le domaine de La Ferté ne furent point vendus à la Révolution, et restèrent la propriété de la famille de Richelieu. A la mort de la duchesse,

II.

Nous avons parlé des seigneurs : quelques mots maintenant sur le pays lui-même, pour esquisser sa physionomie aux temps féodaux. D'abord simple châtellenie, détachée du Maine par Charles-le-Chauve, qui l'unit au comté du Perche, au IXe siècle, puis rattachée de nouveau au Maine, à la fin du XIIIe, nous l'avons vu ériger en baronnie, au commencement du XVe, en faveur de la maison d'Anjou. En 1540, Claude de Lorraine, qui possédait les trois baronnies de Mayenne, de Sablé et de La Ferté, en forma un marquisat sous le nom de Mayenne, et fit donner à La Ferté les priviléges de la pairie, afin que les appellations de son siége de justice fussent portées directement au parlement de Paris. Ces priviléges lui furent confirmés, en 1573, par l'érection du marquisat en duché-pairie, de sorte qu'elle a retenu depuis ce temps les qualifications de duché-baronnie-pairie, et même de marquisat, comme partie homogène d'un tout également titré, aux termes de la Coutume de Paris.

Le Fertois, plus considérable que le canton moderne, s'étendait sur 29 paroisses, en totalité ou en partie, et se composait de trois châtellenies, dont deux, celles de la *Plesse* et de la *Bosse*, vassales de la châtellenie de La Ferté. Le vieux manoir de la Bosse, nommé Mondragon, appartient aujourd'hui à la famille de Mailly. Le pays a singulièrement changé d'aspect depuis le Moyen-Age; alors toute la partie du nord-ouest était couverte de bois (1) qui tenaient, d'un côté, à l'immense forêt du Perche,

il fut partagé entre ses héritiers. Une portion est encore, en ce moment, entre les mains de M. le duc de Jumilhac, l'un d'eux, qui a pris en affection ce domaine de sa famille et y a fait bâtir un château, dans une position charmante, à trois kilomètres de La Ferté. Il y réside une partie de l'année, et, par sa bienveillance et son inépuisable charité, il acquitte noblement les obligations qu'imposent un beau nom et une illustre origine.

(1) C'était la forêt de Dehallais.

et, de l'autre, s'avançaient jusqu'aux portes de La Ferté, par les collines du faubourg Saint-Antoine-de-Rochefort, dont les gorges pittoresques, voisines du débarcadère, ont conservé quelque chose de sauvage. Cette forêt, maîtresse du sol, ne l'a cédé que par lambeaux aux pieux cénobites ou aux frères lais des monastères qui commencèrent le défrichement, et qui, ici comme sur presque tous les points de la France, ont conquis les campagnes à l'agriculture. Ils ont ouvert la voie aux cultivateurs, dont ils sont les devanciers et les patrons. Trois paroisses relevant de la châtellenie de La Ferté, et nommées aujourd'hui La Chapelle-du-Bois, Dehaut et Préval, ont pris la place d'anciens ermitages, cachés au milieu de la forêt : elles formaient autrefois le bailliage des trois chapelles, sous les noms de Chapelle-du-Bois, de Dehaut et de Gastineau (1).

Les coteaux non boisés étaient plantés de vignes, et l'on aurait sujet de s'étonner en voyant le grand développement donné à ce genre de culture, au Moyen-Age, dans un pays où le cep a disparu depuis, parce qu'il n'y réussit plus, si l'on ne savait qu'à la même époque, sous les premiers Valois, la Picardie partageait avec l'Isle-de-France l'honneur de fournir des vins pour la table royale. Le raisin mûrissait donc alors aux lieux où maintenant les vignes ne sont plus productives. Doit-on en conclure que le climat s'est modifié et que la civilisation, en faisant tomber les forêts séculaires, en contenant les rivières, en desséchant les marais, a rendu les étés moins chauds et les hivers moins froids ? La question nous paraît encore douteuse, et il ne faudrait pas attacher trop d'importance à la preuve tirée des vignobles : car les moyens de transport manquaient au Moyen-Age, et il fallait produire sur place, telle quelle, la boisson nécessaire à la consommation.

(1) *Gastineau*, *Gastines*, signifie *lande*, vaste étendue de terre en friche. Le radical, *gast* ou *vast*, a donné lieu à une série de mots : dégât, gâter, dévaster, etc.....

Des vignes et des bois remplaçaient donc autrefois, sur les deux chaînes de collines parallèles qui forment la vallée de l'Huisne, cette culture riche et variée qui aujourd'hui contraste agréablement avec la verdure des prés. Les bois étaient si considérables et si productifs dans le pays, que, lorsque le cardinal de Richelieu eut acquis la terre de La Ferté-Bernard par décret, dans l'année 1642, leur exploitation permit presque immédiatement de solder le prix d'acquisition.

Passons maintenant à l'organisation religieuse du Fertois. Il formait un doyenné qui ne coïncidait pas avec la division féodale, et qui, restreint du côté de l'ouest et de la forêt, s'étendait davantage vers l'est, du côté de Saint-Bomer, dont les sites ont encore leur air d'isolement et de silencieuse solitude, comme au temps où de saints ermites s'y choisirent une retraite. Le doyen n'était pas le curé de La Ferté, car celle-ci ne fut érigée en paroisse qu'en 1367 ; c'était le curé de l'église de Saint-Pierre-de-Cherré, dotée par les premiers seigneurs du pays et desservie, à l'origine, par un bénédictin de la Couture du Mans. Mais, lorsqu'à la voix des conciles, les moines rentrèrent dans leur couvent, et abandonnèrent aux prêtres séculiers le soin des âmes, le religieux de la Couture, selon l'usage qui s'établit, conserva, dans son monastère, le titre de *prieur*, du latin *prior*, *premier*, avec ses droits et ses dîmes, sauf une portion qu'il départit au prêtre chargé, à sa place, de la conduite du troupeau (1). La nomination de ce dernier resta le privilége de l'abbaye. C'était un puissant prélat que le prieur de Cherré; il possédait des dîmes, des taxes sur les marchés de La Ferté, et, dans ses limites, le droit de haute justice, dont le seigneur s'était dessaisi en sa faveur. Il faisait condamner le coupable, qu'il livrait au bras

(1) Hist. manuscrite du pays Fertois.

séculier pour l'exécution de l'arrêt, *quia Ecclesia abhorret a sanguine.*

Les intérêts du curé résidant de Cherré furent sauvegardés, à la création de la paroisse de Notre-Dame-de-La-Ferté: il obtint même une portion des oblations casuelles et le droit d'officier à *Notre-Dame-des-Marais*, les quatre fêtes solennelles, et le jour de l'Assomption de la Vierge, principale patronne de l'église. Néanmoins, il y eut contestation au sujet de ces articles, et ce ne fut qu'après 300 ans de procès que les difficultés survenues purent être réglées. L'abbaye de la Couture présentait à la cure de La Ferté, comme à celle de Cherré (1).

Il a existé, dans cette dernière paroisse, un couvent de Récollets, sur la colline qui porte encore leur nom, mais il ne datait que de 1608. Ce fut Charles de Mayenne, alors seigneur de La Ferté, qui l'éleva sur ses propres domaines:

... proprio dicavit in agro (2),

selon les termes d'une inscription en vers latins, faite par le bailli du temps, nommé Renault Rouillet, pour perpétuer la mémoire de la générosité du seigneur. Cette inscription était placée au-dessus de la porte de l'église, qui est détruite. Trente ans plus tard, des filles de Notre-Dame de La Flèche s'établirent aussi à Cherré, dans le faubourg des Guillotières, et y firent construire une magnifique maison, que la perte de leur revenu, à l'époque du système de Law, empêcha de terminer d'après les premiers plans. Elles se vouèrent à l'éducation

(1) Hist. manuscrite du pays Fertois.

(2) Carolus, antiqua veniens ab origine regum,
Dux bello insignis, nulli pietate secundus,
Hic, collectorum Francisci ex ordine Fratrum
Cœnobium proprio tibi, Christe, dicavit in agro. (1610.)—

Charles, descendu de l'antique race de nos rois, grand général, sans égal en piété, t'a consacré, ô Christ, ce monastère des frères de l'ordre de Saint-François, élevé sur son propre domaine. 1610.

des jeunes filles, pour lesquelles il n'existait point alors d'établissement dans le pays.

C'étaient les Bénédictins de la Pelice qui, au XIVe siècle, venaient instruire à La Ferté les petits enfants, et leur donner les premiers éléments de la science et de la religion. Cent ans plus tard, on voit apparaître, dans le voisinage du château, une maison d'école où l'on enseignait les deux premiers des arts libéraux, la grammaire et la musique, ou plutôt le plain-chant. Deux régents clercs, nommés par les habitants et présentés par eux à l'approbation du seigneur, étaient chargés de l'instruction des enfants riches et pauvres de la ville et des faubourgs. Le premier portait le titre de *principal,* qui passait de droit au dernier survivant. Ils jouissaient, outre la rétribution scolaire fixée, en 1563, à 2 sols 6 deniers tournois par mois, du revenu d'une fondation religieuse, revenu que l'administration de l'hospice complétait de manière à former 80 livres par année (1). Cette fondation, dite de Sainte-Catherine, parce que c'était à l'autel de cette sainte qu'elle s'acquittait, était due à trois bourgeois de La Ferté, Colin Barbareau, dit le Boindre, Macé Boulay, Jehan Fournier, et leurs épouses, qui, en 1449, assignèrent 6 livres de rente sur leurs biens, pour faire célébrer « chacun mardi, à toujoursmais, une messe en notes, » chantée par les régents et leurs élèves. Ils se résolurent à cet acte de charité « après avoir meurement délibéré, ainsi s'exprime le titre, dans cet énergique français des vieilles chartes, « que le corps d'homme n'est rien, fors viande à vers, après « que l'âme, qui est de Dieu née et faite à sa semblance, en « est séparée ; que les biens qu'ils ont sont temporels et tran- « siteurs et de Dieu venus, à eux donnés et baillés pour tant « seulement soutenir leur vie en ce misérable monde, et acqué- « rir le sauvement de leurs âmes... » Certes, on ne s'est

(1) C'était pour l'instruction des pauvres que l'hospice intervenait ainsi. Livre terrier, p. 256. Archives de l'Hôtel-Dieu.

jamais mieux exprimé sur le néant des choses d'ici-bas. Et cependant, étrange contradiction entre le langage de nos pères et leur conduite ! ils parlent, en termes fort touchants, de la vanité, de l'instabilité de ce monde, et, en même temps, ils semblent avoir cru de bonne foi à la perpétuité de leurs œuvres. Le mot « à toujoursmais, » glissé partout dans leurs fondations, leur paraissait un gage certain de durée, contre lequel rien ne prévaudrait. Ils ne pouvaient croire, eux si respectueux pour le passé, qu'on s'affranchirait un jour de leurs pieuses volontés, et qu'il viendrait un temps où l'on ne resterait pas même fidèle à la religion des souvenirs !

On trouve au pied de la tour de l'église, sur la place de l'ancien cimetière, l'épitaphe d'un principal du collége, décédé en 1480 : « Cy-devant gist Olivier le Bischon, en son vivant maître ès-arts, et maître des classes de La Ferté-Bernard, qui trespassa 1480. » Au XVIe siècle, on y aurait mis moins de simplicité : on aurait enrichi de belle prose, et peut-être de vers, la tombe d'un régent.

Les Fertois attachaient une grande importance à leur collége: lorsqu'en 1563, on voulut réformer la discipline et faire un nouveau règlement, il y eut assemblée de ville, et le règlement fut rédigé « en présence et par l'advis du procureur du marquisat, des autres officiers d'icelui, et des notables bourgeois ayant étudié en la ville et université de Paris, et autres fameuses universités du royaume. »

Cette assemblée de *notables* se réunissait à l'*auditoire*, toutes les fois qu'il s'agitait quelque question importante, se rapportant soit à la paroisse, soit à la commune, alors confondues. On y délibérait en présence et sous la présidence du représensentant du seigneur. C'était ordinairement le bailli, et, à cette époque où l'administration municipale n'était qu'imparfaitement constituée, le bailli, qui rendait la justice seigneuriale, siégeait aussi souverainement à l'hôtel de ville. Il convoquait, à son de caisse, quelquefois même au bruit des cloches, « les bourgeois, manans et habitans, » qui se rendaient, soit pour donner leur avis, soit pour vérifier les comptes de leur receveur ou ceux des deux procureurs de fabrique, ou pour nommer ces fonctionnaires. Les derniers rendaient leurs comptes la veille de Noël. Entre les assemblées, les affaires ordinaires étaient gérées par quatre personnes, nommées, au xve siècle, « commis aux affaires et négoces de la ville, » et qui, quelquefois, s'appelèrent aussi *échevins* (1). Telle était l'administration municipale; nous ignorons à quelle époque précise on doit faire remonter son organisation; car, à La Ferté, l'affranchissement s'est opéré silencieusement. L'histoire manuscrite du pays le fait dater de la fin du xiie siècle, lorsque la ville commença à prendre de l'importance. Cette date paraît vraisemblable, car l'accroissement de la cité doit suivre son affranchissement. Toutefois, un titre de 1263, conservé aux archives de la fabrique, est le premier monument authentique qui constate cette conquête de l'ordre social sur la féodalité. Les nouveaux *bourgeois* eurent une charte pareille à celle que le Mans avait obtenue dès la fin du xie siècle; et la coutume locale de La Ferté-Bernard ne diffère de celle de leurs voisins qu'en deux points, dont l'un à l'avantage du seigneur.

La communauté fertoise était chargée d'entretenir les fortifications de la ville; obligation qui lui coûta de grosses sommes vers la fin du xve siècle, et pour laquelle les rois de France lui accordèrent le droit de percevoir un octroi sur le vin (2).

(1) D'après les pièces justificatives que nous donnons à la suite de cette notice, il semble qu'il y ait eu un autre fonctionnaire qui prend le titre de *Capitaine*. Nous ignorons s'il était à la nomination des habitants : c'est peu probable.

(2) Voyez les pièces justificatives.

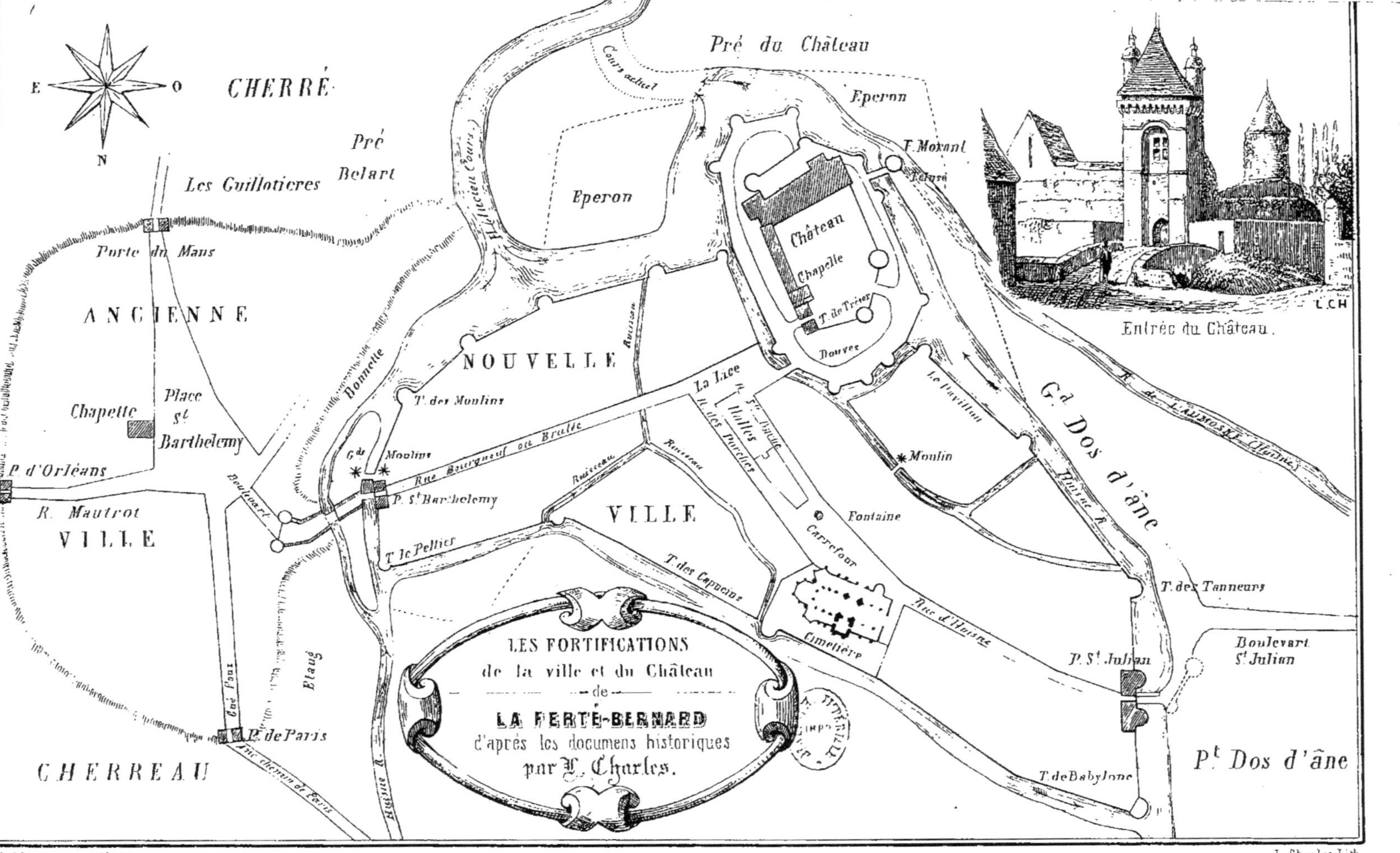

Lith. Monnoyer au Mans

L. Charles lith

III.

Ces fortifications rendirent de bons et loyaux services, car durant ces siècles, dont nous avons si rapidement franchi l'espace, La Ferté-Bernard a soutenu plusieurs siéges, et presque toujours aux mêmes époques que le Mans, dont elle suivait la fortune. Les plus importants sont ceux de 1424, contre les Anglais, et de 1590, contre l'armée de Henri IV. En 1424, notre ville, commandée par un capitaine du pays de Duguesclin, nommé Louis d'Avaugour, fut battue pendant quatre mois avec du canon, et ne capitula que lorsque tout espoir de secours fut perdu. Salaberry, le général anglais, retint, au mépris de la capitulation, le Breton prisonnier; mais celui-ci sauta, du donjon où il était renfermé, dans l'eau des fossés, traversa la rivière à la nage, et se rendit à Sablé, qui tenait encore pour Charles VII.

L'année suivante, Ambroise de Loré, gentilhomme manceau dont le nom figure honorablement dans l'histoire des guerres de cette époque, reprit, dès le premier assaut, la place qui, défendue par des Français, avait arrêté quatre mois les Anglais devant ses murs (1).

Le siége de 1590 ne fut pas moins mémorable. La Ferté appartenait alors au chef de la Ligue, Charles de Mayenne, et en avait embrassé chaudement le parti. Aussi, quand le prince de Conti se présenta devant ses murs, au nom de Henri IV, « il ne connut au gouverneur et aux habitants qu'une opi-« niastre résolution de tenir pour l'Union (2), » résolution qui

(1) Blondeau, Vies des hommes illustres du Maine.

(2) Palma-Cayet. Chronologie novennaire.

Outre la relation de ce chroniqueur, qui penche pour la cause royale, nous avons encore la copie du rapport fait, sur le siége de La Ferté, au nom de la Ligue. On peut ainsi comparer la version des deux partis, et porter un jugement contradictoire sur l'événement historique qui en est le sujet.

ne se démentit point à l'épreuve. Plusieurs assauts furent repoussés par la garnison, soutenue des habitants. Enfin la place capitula, cinq mois après la prise du Mans.

Le gouverneur, qui était un Grec descendu des empereurs d'Orient et s'appelait Dragues de Comnène, n'oublia rien durant le siége « de ce qui était de la practique et de la ruse de la guerre. » Un jour, il déguisa quelques troupes de soldats en femmes, et les fit sortir secrètement par la poterne du château. Les assiégeants ne manquèrent pas de se porter à leur rencontre, sans défiance et sans armes... C'en était fait de tous ces galants, si René de Bouillé, capitaine de cinquante hommes d'armes, et de l'une des plus considérables familles du Maine, n'eût éventé la fraude, et n'eût volé à leur secours. La mascarade rentra alors au château, plus vite qu'elle n'était sortie. Cette aventure, racontée à Henri IV, le mit de belle humeur : se rappelant de suite l'origine du gouverneur de La Ferté, il s'écria, en riant : « Ha, ha, le Manceau a donc été aussi fin que « le Grec ; je l'ai toujours connu pour aussi advisé que valeu« reux (1). » Cette burlesque sortie n'eut pas seulement le privilége d'égayer le Béarnais : elle devint un texte inépuisable de plaisanteries pour toute la province ; on parla longtemps, et l'on parle encore quelquefois, « des aguelles de La Ferté, dont « il ne faut que deux ou trois pour étrangler le loup. »

Après 1590, le rôle de notre ville, comme place forte, est fini. Elle avait eu, au temps des guerres anglaises, une certaine importance due à sa position géographique, en avant de l'Isle-de-France, sur les confins du Maine et de la Normandie ; et c'est en raison de tout ce qu'elle avait souffert pour la bonne cause, pour la cause française, en mainte occasion (2), que nos

(1) Saint-Foix. *Hist. de l'ordre du Saint-Esprit.*

(2) « La dite ville, laquelle est située et assise en pays de frontière, a été, à l'occasion des guerres et divisions qui par longtemps ont eu cours en nostre royaume, mesmement

rois lui donnèrent le privilége de lever un octroi pour l'entretien de ses fortifications, avec le consentement « de la plus saine « partie des habitants, » selon l'expression d'une lettre patente de Charles VII, qui manifestait ainsi sa déférence pour la communauté fertoise. Mais, après l'expulsion des Anglais et l'apaisement des troubles du XVIe siècle, son importance militaire déchut rapidement. Elle eut pourtant à se défendre encore d'un coup de main qu'un parti de *frondeurs* tenta contre elle, en 1652. Le pays fut dévasté, mais la ville fut miraculeusement préservée de leurs ravages. Cet événement a laissé une impression profonde dans l'esprit des habitants, impression que le temps n'a point encore tout à fait effacée. On raconte que les *Beauforts* (1), — c'est le nom que la tradition donne aux assaillants, — arrivèrent de nuit par la route d'Orléans, et qu'après avoir garni d'étoupes les pieds de leurs chevaux, ils se présentèrent sans bruit à la porte qui servait d'entrée de ce côté. Mais le gardien l'avait fermée le soir, et en avait déposé la clef aux pieds d'une statue de la Vierge, sous la protection de laquelle était placée cette partie de l'enceinte ; la porte ne put être forcée. Cette circonstance sauva la ville du pillage. Depuis lors l'image a toujours été en grande vénération, et l'on fait tous les ans, le dernier dimanche d'octobre, une procession, qui se rend sur le théâtre de l'événement. Toutefois, il est possible que la tradition ait fait confusion de dates, ou que des particularités à peu près semblables, mais d'époques différentes, aient concouru à former la légende. En effet, il existait à la

par nos *anciens ennemis et adversaires les Anglais*, moult détruicte et désemparée..... Pourquoi nous ce que dit est considéré et mesmement que en défaut des dites reparations se pourrait en suivre grand danger à la dite chose publique du pays d'environs, etc... »

(Lettre patente de Louis XI, donnée à Mehun-sur-Loire. 1468. *Archives de la fabrique*, liasse 8, cotée H, pièce 2e.)

(1) On sait le rôle considérable que le duc de Beaufort joua dans la Fronde ; il n'est donc pas surprenant qu'on ait donné ici aux soldats le nom de leur chef.

porte d'Orléans une grande croix de pierre portant cette inscription : « *Arrestez adversaires*. 1580. » ; et ces mots, qui jouent aussi un certain rôle dans la tradition que nous avons rapportée, sembleraient annoncer que dès le temps des guerres de religion, dès 1580, il se serait déjà passé un fait de la nature de celui de 1652.

Tels furent les derniers services de l'enceinte fortifiée de La Ferté. L'édit de Louis XIV (de 1695), qui supprimait les places sans utilité pour la défense du royaume, lui porta le coup de mort. Les remparts s'en allèrent pièce à pièce. Le faubourg Saint-Barthélemy, le quartier le plus ancien, — car la défiance des seigneurs avait empêché, jusqu'à la fin du XIIe siècle, les vassaux de s'approcher de leur manoir et de bâtir dans la vallée, — le faubourg Saint-Barthélemy fut atteint le premier (1). Il avait trois entrées fortifiées : celle de Paris, dans la rue du même nom, anciennement dite des *Gués-faux*, près d'une hôtellerie où pendait l'écu de France; et celles d'Orléans et du Mans. Deux d'entre elles disparurent à la fin du XVIIIe siècle, et la dernière, la porte d'Orléans, que ses souvenirs historiques auraient dû protéger, est tombée, il y a trente ans, en même temps que le château et ses enceintes. L'une des portes de la ville basse, celle de Saint-Barthélemy, les a suivies. Il reste encore, le long des nombreux cours d'eau qui l'entourent de tous côtés et forment ses fossés, quelques tours découronnées ; et à l'extrémité de la place, à l'ouest, l'hôtel de ville, pavillon carré, flanqué de deux tours massives,

(1) Ce premier *bourg* était resserré entre la rivière et les trois portes reliées entre elles par des fossés qui servent maintenant de limites aux communes de Cherré, de Cherreau et de La Ferté. Celle-ci, qui dépendait encore, pour le spirituel, de Cherré, où se trouvait l'église paroissiale, n'avait qu'une simple chapelle, sur la place St-Barthélemy. Lorsque la ville descendit dans la vallée, en s'allongeant dans le sens de la rue *Bourgneuf*, le vieux quartier conserva ses priviléges. L'usage d'y tenir les marchés et d'y exécuter les criminels se conserva comme témoignage de sa priorité d'existence.

Lith. Monnoyer au Mans. Charles Lith.

ÉGLISE DE LA FERTÉ-BERNARD

(Sarthe.)

portant, autour de leurs créneaux, de glorieuses cicatrices. Cette masse imposante, où les coulisses des ponts-levis sont toujours visibles et où les meurtrières vous menacent encore, annonce une ville fortifiée, à l'étranger qui arrive par la route de Normandie. C'est, du reste, la principale entrée de La Ferté, depuis l'ouverture du chemin de fer de l'Ouest, qui dépose les voyageurs dans le faubourg Saint-Antoine. Au sortir de la gare, on traverse ce faubourg, puis la place de Saint-Julien, où se trouve l'hospice, à gauche, et l'hôtel de ville en face. Engageons-nous sous les arceaux du vieux portail pour arriver à la place de l'Église, par une rue sombre et humide, où les pignons aigus, les étages en surplomb, nous reporteront involontairement au Moyen-Age. L'art moderne n'a point encore passé là.

IV.

L'église est un fin joyau, qu'on s'étonne de rencontrer dans un simple chef-lieu de canton. C'est, après la cathédrale du Mans, le monument le plus remarquable du département de la Sarthe. *Saint-Julien* du Mans et *Notre-Dame-des-Marais* de La Ferté sont l'histoire vivante et non interrompue de l'art dans notre province, depuis les temps reculés de l'architecture byzantine, jusqu'à la Renaissance ; car la construction de la seconde commence précisément à l'époque où celle de Saint-Julien finit, vers le milieu du XVe siècle. N. D. des Marais se compose d'une triple nef, d'un transept et d'une tour, occupant à peu près la place du croisillon septentrional, bâtis de 1450 à 1500; d'un chœur avec collatéraux, et de trois chapelles à l'abside, où les gracieuses fantaisies de la Renaissance se marient au gothique de la dernière période. Pour aider les habitants dans la pieuse entreprise qu'ils avaient conçue, Charles VII, Louis XI, Charles VIII et Louis XII leur accordèrent, par lettres patentes, la moitié de l'octroi des boissons ;

l'autre moitié était réservée pour l'entretien des fortifications. Les successeurs de ces rois confirmèrent ce privilége, et c'est sans doute pour perpétuer le souvenir de la munificence royale, que les écussons de France et de Dauphiné ont été si souvent reproduits dans les vitraux, aux clefs des voûtes et partout où ils ont pu trouver place.

La nef, conçue dans le style du XVe siècle, est le membre le moins important de l'église. La façade occidentale, si parée, si *fleurie*, dans les cathédrales de la même époque, est ici de la plus grande simplicité, circonstance qu'explique sa situation désavantageuse dans une ruelle déserte, de trois mètres au plus, conduisant autrefois aux remparts. Le flanc nord, masqué originairement par l'enceinte, est resté sans ornements pour le même motif. La tour a été moins sévèrement traitée. Les saillies, les amortissements des contreforts sont garnis de ces sculptures originales, et de cette végétation luxuriante, qui caractérisent l'époque de la construction. Une galerie à jour, placée au sommet du carré, est aussi fort ornée. La tour se termine brusquement par quatre frontons aigus, au centre desquels s'élevait une flèche de 20 mètres, malheureusement détruite vers 1740. Elle était en bois couvert de plomb.

L'intérieur de la nef présente des irrégularités dont on se rendrait difficilement compte si l'on ne connaissait l'histoire du monument. Une première église fut bâtie sur le même emplacement, au XIIIe siècle, et érigée en paroisse en 1367 : on entreprit de l'agrandir, au XVe, et l'on arriva peu à peu à la transformer complétement, mais en utilisant, sans égard pour la régularité, tout ce qu'on put conserver de la maçonnerie ancienne. C'est ainsi que la tour tient la place du transept nord, intercepte la basse nef de ce côté, et en rétrécit même la dernière travée.

En 1500, le chœur du XIIIe siècle existait encore, soudé aux parties nouvelles. Bientôt on voulut l'agrandir, comme l'on avait fait pour la nef. Le bas chœur du nord, qui s'appuie à la tour, fut élevé de 1500 à 1520. La Renaissance y fait son apparition sous la figure d'une charmante crédence, dont les colonnes, recouvertes de fleurs de lys et d'hermines alternées, annoncent l'époque de Louis XII et d'Anne de Bretagne. Les chapelles absidales, moins les voûtes, datent de 1520 à 1536. Elles furent bénites, dès 1529, par l'évêque de Léon, en Bretagne (1). Le mémoire de l'hôtelier qui hébergea le prélat et sa suite, existe encore, dans les archives de la fabrique, avec une foule d'autres pièces curieuses, d'où nous avons extrait l'histoire de N. D. des Marais. Le bas chœur méridional est de 1539 et 1540; les voûtes des chapelles sont de 1535 à 1544 : celles-ci constituent l'élément curieux et original de l'église de La Ferté. Qu'on se figure, pour la chapelle du chevet, l'ossature des voûtes gothiques, l'arc-doubleau et les diagonales, dégagés de leur remplissage ordinaire, et laissant apercevoir, entre leurs bras croisés, un vrai plafond de pierre, qui soutient une forêt de pendentifs suspendus à des caissons. Telle est la disposition peu commune adoptée par l'architecte. Pour toutes les personnes qui ne sont point étrangères à l'art de bâtir, cette disposition insolite, bien que de nature à surprendre et à

(1) Il se nommait Christophe de Chauvigny. C'était un chanoine de la cathédrale du Mans, qui, avant d'être promu à l'épiscopat, avait été chargé par Philippe de Luxembourg, évêque du Mans, dont il possédait la confiance, de la fondation d'un collége à Paris. Philippe avait eu le dessein, pendant sa vie, d'établir dans l'université de Paris une maison d'éducation, afin de faciliter à douze pauvres écoliers de son diocèse l'étude des belles-lettres. Mais, prévenu par la mort, il en confia l'exécution au chanoine de Chauvigny et à ses autres exécuteurs testamentaires. Le collége du Mans est devenu depuis collége Louis-le-Grand. L'évêque de Léon, qui se trouvait sans doute souvent dans la ville où il avait passé de longues années et où il avait obtenu sa première dignité de chanoine, fut plusieurs fois chargé de la mission d'honneur de bénir des églises ou des chapelles. Avant le voyage qu'il fit à La Ferté, en 1529, il avait consacré l'église de Gourdaine, en l'honneur de N. D. La paroisse lui donna un dîner, comme c'était la coutume, le 2e dimanche de l'avent 1525, jour de la cérémonie.

exciter l'admiration, n'a cependant rien d'inexplicable; elles comprennent que ce lourd plancher s'appuie sur les murs et sur les arceaux, et que l'ossature isolée n'est autre chose qu'un système d'étais habilement déguisés ; mais, pour la masse des visiteurs, les grands arcs-ogives ne sont que des motifs d'ornementation, dont il semble qu'on aurait pu se passer. Alors l'équilibre de la voûte devient un problème; ils se demandent comment ce magique plafond se tient en l'air, s'il est susceptible de quelque durée, et ce n'est pas sans un certain sentiment de frayeur qu'ils aperçoivent, au-dessus de leur tête, ces pendentifs sans nombre, menaçants comme l'épée de Damoclès. Outre les pendentifs des caissons accompagnés de volutes, il en existe d'autres, plus considérables, soutenus par les diagonales à leur point d'intersection. Au-dessus de l'autel, cette clef s'épanouit en une gracieuse couronne, au centre de laquelle on aperçoit le Père éternel porté sur des nuages. C'est le reste d'un groupe de l'Assomption, détruit pendant la Révolution.

Les chapelles de droite et de gauche, voûtées d'après le même système que celle du chevet, présentent cependant quelques modifications de détail qui ne sont que d'ingénieuses variantes du plan principal. L'ornementation des murs répond au luxe des plafonds. Nous signalerons dans celle du N.E., au-dessous des baies, une suite d'arcatures dont les retombées sont soutenues par de petits culs-de-lampe à feuillage d'une délicatesse extrême, et une crédence de même mérite. Celle du S. E. présente, à la même place, quatorze bas-reliefs symbolisant la Vierge, à laquelle la chapelle dut être primitivement dédiée, si l'on en juge par ces charmants reliefs et par les nombreuses inscriptions qui couvrent les cadres des caissons de la voûte, et serpentent le long des arceaux, en célébrant toutes les louanges de Marie. La crédence, de pure Renaissance, mériterait aussi une mention spéciale, s'il était possible de s'arrêter à toutes les merveilles de patience et d'adresse que renferme l'église de La Ferté.

Après l'achèvement des chapelles absidales, l'architecte poursuivit la construction du sanctuaire. Vers 1549, on était à la hauteur du *triforium*; en 1561, on termina la galerie extérieure du grand comble, vingt ans après l'achèvement de la galerie basse. Les voûtes ne furent exécutées qu'en 1596, ainsi que le constate une inscription placée intérieurement, au-dessus de l'arcade qui s'ouvre sur le transept; les voûtes des collatéraux sont aussi des vingt-cinq dernières années du xvie siècle. Les unes et les autres sont l'œuvre d'une famille de *maîtres maçons* fertois, *Robert*, *Hiérôme* et *Gabriel les Viet*. Au commencement du xviie siècle, en 1624, on ajouta, sur le flanc sud de la nef, pour satisfaire une intention pieuse, la grande chapelle ronde qui détruit la symétrie du plan primitif, en formant une énorme saillie sans équivalent du côté opposé. Elle sert aujourd'hui de sacristie; son plafond, en bois de chêne sculpté, est curieux.

C'est aussi de la même époque que date vraisemblablement le rétable en pierre qui orne le sanctuaire; bien que cette décoration, de dimensions considérables, ne soit plus en harmonie avec le style architectural du chœur, et qu'elle masque une charmante perspective, en obstruant les trois arcades qui ont vue sur les chapelles absidales, c'est un ensemble qui ne manque pas de valeur.

L'extérieur du chœur n'est pas moins orné que l'intérieur, et l'architecte y a exposé aux injures de l'air ses sculptures les plus délicates, en homme assez riche de son fonds pour le prodiguer. C'est surtout la façade méridionale, qui se développe sur la place, qu'il a pris à cœur d'embellir et de parer. Les meneaux des baies, la surface des murs et des contreforts, sont couverts de ciselures, de figurines et d'arabesques, comme on savait les faire au XVIe siècle. Les deux galeries ont été traitées avec le même amour : elles reproduisent, en lettres accompagnées d'anges, d'oiseaux, de feuillages, deux antiennes à la Vierge, le *Regina cœli lætare*, et l'*Ave regina cœlorum* : heureuse conception, qui fait lire les louanges de Marie sur le temple qui lui est consacré.

La balustrade basse, d'une exécution si suave et si chrétienne, au-dessus des chapelles absidales où elle reproduit le *Regina*, a un caractère bien différent, payen et profane, au-dessus du collatéral du sud. Là, c'est une galerie de petits personnages dont l'artiste a eu la précaution de tracer les noms, de peur qu'on ne se trompe et qu'on ne les prenne pour des saints, en les voyant en pareil lieu. On y rencontre d'abord les sept jours de la semaine, ou les 7 planètes, sous la figure des divinités de la fable: *Saturne*, *Vénus*, *Jupiter*, *Mercure*, *Mars*, *Luna*, *Sol*; puis les tempéraments admis par l'ancienne médecine, le *colérique*, le *sanguin*, le *fleumatique*, et le *mélancolique* avec un bandeau sur les yeux, sans doute pour indiquer qu'il voit tout *en noir*. Viennent ensuite le roi de France et ses douze pairs, ecclésiastiques et laïcs, désignés par les inscriptions suivantes, que nous transcrivons textuellement : évesque et conte de Noyon — évesque et conte de Châlons — conte évesque de Beauvois — moy évesque duc de Langres — duc évesque de Laon — moy archevesque et duc de Reins — le Roy de France, sacré à Reins — moy premier per duc de Bourgogne — moy duc de Normandie — duc de Guyenne per de Frãce — conte de Flandre et per de Frãce — duc et per de Champaigne et de Frãce — comte de Tolose per de Frãce. L'hymne à la Vierge suit cette singulière exhibition de personnages.

L'église de La Ferté possédait encore un ensemble de vitrerie d'une grande valeur, dont il reste de nombreux spécimens. Les vitraux des nefs dataient, en grande partie, de la fin du xve siècle, et étaient l'œuvre de Robert Courtois, le plus ancien membre connu d'une famille d'émailleurs célèbres au xvie siècle. Quelques fragments d'un *Trépassement de la Vierge* et d'une *Résurrection de Lazare*, dans le collatéral du nord, accusent, de la part de ce vieux maître, une exécution fine et soignée. Une belle verrière à personnages isolés, placée dans le bas chœur septentrional, et datant de 1510 environ, peut être sortie également de son atelier. Jehan Courtois, que nous croyons fils de Robert, travaillait, en 1533 et 1534, aux vitraux de la chapelle du chevet. Il y peignait l'*Adoration des bergers*, dont il reste quelques panneaux, le *Repas de Jésus chez Simon le lépreux*, mieux conservé, et une *Annonciation* entièrement détruite. L'œuvre de Jehan annonce un peintre habile, qui avait étudié Raphaël, dont il reproduit quelques types; le *Repas de Jésus chez Simon* est d'une facture magistrale. D'autres pages non moins intéressantes, l'*Incrédulité de saint Thomas*, dans la chapelle du sud-est; l'*Ecce Homo* et le *Baiser de Judas*, dans le bas chœur du midi, sont de *François Delalande*, verrier spécialement attaché à l'église de La Ferté, où il réparait, à raison de 3 sols tournois par jour, les accidents survenus aux vitraux : ces accidents étaient la suite inévitable des travaux de maçonnerie du sanctuaire. Les trois grandes compositions de Delalande datent de 1540; elles ont un cachet français et indigène curieux à étudier. Les donateurs bourgeois ou clercs, placés au bas de la scène, à genoux et les mains jointes, sont traités, pour les têtes, à la manière d'Holbein.

Un intervalle de soixante années sépare la vitrerie des fenêtres basses de celle du sanctuaire. Cinq fenêtres de celui-ci, sur neuf, sont bien conservées. Elles représentent, au-dessus de l'autel, *Jésus crucifié*, et à gauche, du côté nord, *Saint Georges perçant le Dragon; la Pentecôte; Job insulté par ses proches; Jésus au jardin des Oliviers*. Un duc et une duchesse de la famille de Lorraine, peut-être le chef de la Ligue, sont peints, comme donateurs, dans la vitre centrale. La *Pentecôte*, grande composition dans le goût flamand, porte la date de 1606 ; c'est le plus beau vitrail du chœur. Le sujet de *Job*, peint en 1599, rappelle l'école de Raphaël. Quant à la dernière fenêtre, l'exécution en est très-médiocre.

On ignore le nom des verriers qui ont concouru à la décoration des baies du sanctuaire, mais il est permis de croire que l'un d'entre eux habitait La Ferté, parce que les travaux considérables de vitrerie occasionnés par la construction de l'église avaient nécessité, dans la ville même, l'établissement d'un atelier permanent. En 1498, Robert Courtois y avait son domicile, d'après les termes d'un marché conclu entre lui et les fabriciers pour l'exécution d'un *Arbre de Jessé*. Ce vitrail, de 36 mètres de superficie, était placé dans la grande baie de la façade occidentale : il est entièrement détruit. De plus, nous avons constaté, grâce encore aux archives de la fabrique, la présence de François Delalande depuis 1525 jusqu'en 1542, seule période sur laquelle nous ayons des renseignements suivis. D'ailleurs, l'existence d'une foule de petits vitraux civils, même dans les maisons les moins importantes, annonce que La Ferté fut, au XVIe siècle, un centre d'activité pour la peinture sur verre. Quelques-unes de ces miniatures, fort recherchées des amateurs, sont traitées de main de maître. Nous citerons particulièrement deux exemplaires représentant, d'après Martin de Vos, l'allégorie de tempéraments admis par l'ancienne médecine, *le sanguin* et *le mélancolique*, qui égalent tout ce qu'on a fait de mieux dans ce genre. Ces petites pages ornent, au Mans, deux bien curieux cabinets d'amateurs, ceux de MM. de Saint-Remy et d'Espaulart.

Ce ne sont pas seulement des verriers que la construction de N. D. des Marais avait fixés à La Ferté. Elle y avait attiré des artistes en tous genres, parmi lesquels il est difficile de distinguer ceux qui appartiennent réellement au pays; car les marguilliers qui nous ont transmis leurs noms dans les livres de comptes, familiarisés avec eux par un commerce journalier, ne les traitent jamais comme des étrangers. La sculpture du charmant cul-de-lampe de l'orgue, qu'il ne serait pas permis d'oublier dans une description du monument, est d'un nommé Everard Baudot, lequel ne reçut que 60 ou 66 livres pour son travail, qu'il exécuta en trois mois, de la fête des Rois à Pâques, l'an 1501. Les Fertois ne confiaient les travaux de leur église qu'à des gens d'un mérite reconnu. Ainsi, le premier architecte qui eut la conduite de l'œuvre, au XVIe siècle, fut Jehan Texier, le même sans doute que cet habile *maître maçon* qui, sous le nom de *Jehan Texier* ou *Jehan de Beauce*, éleva le clocher neuf de la cathédrale de Chartres, et commença l'imagerie de la clôture du chœur. Il meurt en 1529 (1); son jeune fils, auquel on donne des marques d'intérêt, reste à La Ferté, sous la direction du nouveau maître maçon, Jehan ou Mathurin Grignon, qui disparaît bientôt lui-même. Le successeur de Grignon, Mathurin de la Borde, vint prendre la conduite des travaux, vers 1535, et y introduisit le style des châteaux de François Ier. Il résida dans la ville, et y travailla au prix modique de 7 sols 5 deniers tournois, que lui comptait la fabrique. C'est à lui qu'on doit les plafonds des chapelles absidales.

La réunion de ces hommes de talent développa le goût de l'art dans le pays. Les bourgeois, les magistrats, — et le nombre en était grand à cette époque où La Ferté possédait un bailliage relevant *nuement* du parlement de Paris, un grenier à sel d'une certaine étendue, une maréchaussée commandée par un lieutenant du prévôt du Maine, — les bourgeois les chargèrent de

(1) Dans nos « Notes Biographiques sur le canton de La Ferté-Bernard, » nous avons fait honneur au pays Fertois de la naissance de Jehan Texier: nous indiquons ci-dessus la cause de notre méprise.

l'embellissement de leurs demeures, en sorte que La Ferté avait dans ses murs, au commencement de ce siècle, tout un musée de vitraux et d'imagerie, que les brocanteurs ont, hélas! dispersé au loin. Les tendances artistiques que nous signalons n'avaient point disparu au XVIIe siècle; elles purent s'y satisfaire encore, grâce à la présence d'ouvriers habiles, formés à l'école de leurs pères. En 1624, un incendie ayant dévoré le quartier de la rue Bourgneuf, nommée *rue Brûlée* depuis ce désastre, on le reconstruisit avec un certain luxe, plus intérieur qu'apparent; néanmoins on rencontre encore quelques façades qui attirent les regards; l'une surtout, d'un style assez ferme, rappelle les constructions de la place Royale.

Les archives de la fabrique qui ont révélé les noms des artistes du XVIe siècle, maîtres maçons, sculpteurs, imagiers et verriers, occupés avant tout aux travaux de N. D. des Marais, nous donnent aussi de curieux détails sur sa lente édification. On y reconnaît la puissance d'une volonté ferme et persévérante, qui ne se laisse point rebuter par les obstacles, par la faiblesse de ses ressources, et que ne décourage point la longueur de son œuvre. C'est avec 7 ou 800 livres par an, que les seuls habitants ont pu, après un siècle et demi d'efforts, mener à fin leur grande entreprise. En 1533, la construction languissait, lorsque un encouragement comme on en donnait aux âges de foi qui ont produit nos cathédrales, ranima les courages, et donna une nouvelle impulsion aux travaux. François Ier sollicita des indulgences, dans une lettre dont le trésor conserve la copie, et le pape les accorda « à perpétuité, en faveur des confrères de saint Sébastien (c'est le patron secondaire de N. D.), et des bienfaiteurs de l'église de La Ferté. »

De cette époque datent et l'augmentation des revenus de la fabrique et des dons de toute nature pour l'achèvement de l'œuvre; la plupart des verrières sont payées par des particuliers. La duchesse de Guise, Antoinette de Bourbon, qui vint à La Ferté cette année même, abandonna 30 livres à pareille intention, et à condition, ce sont ses expressions, « qu'on ferait faire, au plus beau lieu de l'église, une vitre, dans laquelle devait être mise en peinture l'image de l'Annonciation, et, au bas, les armes de son très-cher et très-aimé sire époux et d'elle. » Les marguilliers reconnaissants firent acheter plusieurs aunes de belle toile fine, qu'ils offrirent en cadeau aux gens de sa suite. La vitre est détruite.

La confrérie de Saint-Sébastien de La Ferté, affiliée à celle dont le siége est à Rome, était visitée par un prélat, originaire du pays fertois, lequel signait: « Frère Jehan Lunel, humble abbé du couvent et monastère Saint-Sébastien de Rome. » Ses voyages ne furent sans doute point sans influence sur le style du monument; car il est impossible que l'abbé de Saint-Sébastien, placé au foyer de l'art de la Renaissance, n'ait pas parlé à ses compatriotes des merveilles de Saint-Pierre, du Vatican, de la chapelle Sixtine, et qu'il ne leur ait pas facilité les moyens d'introduire, dans leur église, quelque chose de cette riche architecture d'outre les monts.

Nous ignorons quelles circonstances avaient conduit le prélat Jehan Lunel dans la ville de Léon X, et l'avaient mis à la tête du monastère qu'il y dirigeait. Les faits de ce genre n'étaient point rares à pareille époque, et bien avant, au Moyen-Age, les communications, les longs voyages, étaient beaucoup plus fréquents, surtout pour le clergé, qu'on ne l'a cru. A la fin du xve siècle, le fils d'un tabellion de La Ferté, Jehan Glapion, cordelier dans la maison du Mans, passa dans un couvent de son ordre, en Belgique, où l'empereur Maximilien le prit pour son confesseur. C'était un homme d'un extérieur agréable, insinuant, persuasif. Il eut l'adresse de délivrer Maximilien prisonnier de ses sujets révoltés. Il joignait à ces grâces naturelles des connaissances en théologie, et un grand talent pour la prédication. Les mêmes avantages qui l'avaient fait distinguer par Maximilien lui valurent encore la protection et la faveur de son successeur, Charles-Quint, qui le choisit, en 1517, pour occuper le siége archiépiscopal de Tolède. Il mourut, en 1522, à Valladolid. Il a laissé des ouvrages en prose et en vers, imprimés à Leipsick. C'est une gloire pour La Ferté d'avoir fourni à l'Espagne le successeur de son grand Ximenès. Il fallait à Glapion un mérite réel pour que, étranger et Français, il s'élevât si haut.

Notre ville a aussi donné naissance à l'un des plus anciens poëtes tragiques de notre théâtre, Robert Garnier, dont les œuvres firent les délices de ses contemporains, et furent réimprimées, dit-on, près de 30 fois en moins d'un siècle. Il mourut vers 1590.

V.

Maintenant que nous avons fait connaître, au moins sommairement, le passé de La Ferté, il ne nous reste plus, pour compléter le rapide coup d'œil jeté sur elle, qu'à indiquer l'âge et la destination de certains édifices, tels que les halles, la fontaine, l'hôpital..., qui pourraient encore exciter l'attention du voyageur ; puis nous le reconduirons à la gare, en lui faisant remarquer l'aspect assez singulier de la cité, entourée de bras de rivière, coupée de canaux, semée de petits ponts ; et, s'il lui reste assez de temps, avant l'heure du convoi qui doit l'emporter, nous l'engagerons à gravir avec nous l'éminence qui domine la station, à l'ouest, pour jouir du gracieux panorama de la prairie où la ville est assise.

Les halles sont bâties au milieu de La Ferté, sur la place de la Lice, qui doit son nom au voisinage du château. C'était, en effet, sur cette place, au delà du petit cours d'eau qui alimentait les fossés, que se dressait, il y a 30 ans, le haut donjon servant de portail. Il a disparu, et des jardins remplis de vieux murs et de quelques vestiges de tours ont remplacé, presque partout, le manoir seigneurial, dont il ne reste qu'un corps de bâtiment. Les halles sont une massive construction, due à Claude de Lorraine et à Antoinette de Bourbon, seigneurs de La Ferté en 1536, les auteurs de ces Guise si célèbres au XVIe siècle. Leurs armoiries étaient sculptées, avec leurs supports, sur les contreforts angulaires du pignon, mais la Révolution les a rendues méconnaissables. Ce que les halles ont de plus remarquable, c'est leur belle charpente. On trouve dans leur voisinage quelques maisons à ressauts, construites en bois et ornées de grotesques; pauvres vieilles demeures de nos pères, que le marteau menace, et qui s'efforcent de se rajeunir, de cacher leur vétusté sous le crépi et le badigeon.

La fontaine se voit sur la place de l'église, qui n'est séparée de celle de la Lice que par le *Pâté des Halles*. Ce petit monument, datant du milieu du XVIIe siècle, se compose d'un obélisque en granit diamanté d'Alençon, qui jette l'eau par quatre gueules de lion, dans un bassin octogone de même pierre. Les aqueducs s'alimentent à une source située à 500 mètres environ, dans le faubourg des Guillotières, sur le parcours de l'ancienne route de Paris au Mans. Les premiers travaux relatifs à la fontaine furent entrepris en 1477, par un nommé *Jehan Chappart*, « homme ingénieux et artificieux, disent les titres, qu'on avait vu, par avant, besongner en semblable chose. »

L'Hôtel-Dieu, dont nous avons déjà indiqué la situation, sur la place Saint-Julien, en avant de l'Hôtel-de-Ville et en dehors de l'enceinte fortifiée, ne justifie pas, au moins en apparence, l'antiquité que lui attribuent les chroniques fertoises. Suivant celles-ci, il remonterait aussi haut, sinon plus, que la maison du Mans. L'hôtel-Dieu ayant été brûlé à l'époque du siége de 1590, à l'exception de la chapelle, fut rétabli en 1602, grâce à l'aliénation de l'une de ses propriétés foncières. La misère, après ces désastreuses guerres civiles du XVIe siècle, devint telle à La Ferté, que, si l'on en croit les registres de l'établissement, et les requêtes adressées au Parlement pour obtenir l'autorisation de vendre une futaie dont le prix devait être affecté aux réparations, les malades étaient déposés sur les places publiques, et mouraient sous les halles. Les bâtiments actuels, moins la chapelle, ne datent que de 1707. Ils contiennent une trentaine de lits, en y comprenant ceux réservés pour les vieillards infirmes des deux sexes.

L'hôpital est assis au bord de l'eau, entre deux bras de rivière, dont l'un baigne les tours de l'Hôtel-de-Ville, et dont l'autre, appelé rivière de *l'Aumône,* dans les vieux titres, fait tourner un moulin à tan. La rue qui longe sa façade prend au delà le nom très-significatif de Quartier des Arches. Nous l'avons déjà parcouru en partant de la gare, aussi franchirons-nous rapidement, à notre retour, les petits ponts dont il est coupé, non cependant sans donner un coup d'œil sur une échappée de prairies qu'on découvre à perte de vue, en arrivant aux ponts du *Bouchet*. Cette vallée, si verte au printemps, se change souvent, au commencement ou à la fin de l'hiver, dans la saison des pluies, en un fleuve immense, semé d'îles et de peupliers; on dirait la Loire vers la fin de son cours: ce n'est que l'Huisne qui déborde. Mais hâtons-nous d'atteindre la station, et de gravir les hauteurs dont la pente commence à quelques pas derrière elle. Il faut laisser à gauche l'enclos de la gare, et prendre à travers champs. On se trouve bientôt dans un petit verger, espèce d'Eden, qui se cache au pied et dans un enfoncement de la montagne, à l'abri des vents, et où il règne un tel calme qu'on se croirait volontiers loin de toute habitation; il y a même là je ne sais quoi de mystérieux, qui a dû inspirer la légende. Au-dessus, la colline s'étage en un triple rang de gradins en retraite les uns sur les autres, où l'antiquaire pourra voir, s'il le veut, des retranchements et les restes d'un camp, car le coteau s'appelle le *Tertre de Rochefort*. Les gens de la ferme voisine, si vous en rencontrez et si vous les questionnez, ne pourront vous donner aucun renseignement sur ce mouvement de terrain opéré de main d'homme, mais vous en trouverez peut-être qui vous diront, dans leur naïve crédulité, que ce lieu est hanté par les fées; une fontaine, à demi voilée par les ronces, est l'endroit où elles aiment à se réunir pour filer, et c'est surtout à minuit, le jour de Noël, qu'on a chance de les y rencontrer; l'église de La Ferté, avec les magiques plafonds de ses chapelles, est leur ouvrage, etc... Nous ignorons quelle circonstance a valu, à l'oasis où nous sommes en ce moment, sa réputation merveilleuse; mais on peut soupçonner que cette réputation date de fort loin, et qu'elle remonte au delà de l'histoire. On apercevait parmi les broussailles, il y a peu de temps encore, une espèce de grotte ou de tunnel à demi écroulé, s'enfonçant sous la montagne, et l'eau de la fontaine a pu avoir la réputation de guérir, car elle est ferrugineuse comme le terrain d'où elle sort. Mais nous n'avons point l'intention d'attendre là l'audience des fées, pour les questionner sur ces particularités mystérieuses; montons donc sur le dernier gradin, et asseyons-nous à l'ombre d'un arbre, pour jouir plus tôt du panorama qui nous est offert. Si cependant notre compagnon était poëte, nous lui conseillerions de choisir le crépuscule, de préférence aux heures de soleil, pour faire plus mélancoliquement la revue des objets qui sont à ses pieds.

Souvent sous la montagne, à l'ombre du vieux chêne,
Au coucher du soleil, tristement je m'assieds:
Je promène au hasard mes regards sur la plaine,
Dont le tableau changeant se déroule à mes pieds.

LAMARTINE, 1re *Méditation*.

De ce point culminant, le regard plane sans obstacle sur un horizon d'une grande étendue, sur un frais paysage animé par la ville que nous venons de visiter en détail et dont nous pouvons maintenant embrasser l'ensemble. Elle s'allonge, en formant une rue principale, dans la vallée qu'elle traverse de l'ouest à l'est, et gravit le versant des collines opposées à celle où nous sommes assis. A nos pieds apparaît la gare dont la couleur sombre des briques dessine la forme et les ouvertures, et, tout auprès, l'église de Saint-Antoine, dont la flèche aiguë n'atteint pas à notre hauteur. Plus loin, on aperçoit la chapelle de l'hospice, la porte de ville et ses toits coniques, l'église de La Ferté qui se caractérise par son clocher placé au centre de la basse ville. A droite, une grande usine, dont la teinte blanche atteste l'origine toute moderne, sert à faire reconnaître les restes de l'ancien château dont elle est voisine et dont elle remplace le boulevart extérieur, cette poterne des prés par où sortit la fameuse mascarade du siége de 1590. Sur un plan plus éloigné, la ville se relève et forme, parallèlement à nous, à mi-côte, le quartier Saint-Barthélemy, et les faubourgs de Cherreau et de Cherré, traversés par l'ancienne route de Paris à Nantes. Ces faubourgs, ainsi que celui de Saint-Antoine, où se trouve la station, ne sont point compris dans la circonscription de La Ferté-Bernard. Ils forment chacun une commune distincte, de sorte que l'agglomération de maisons que vous avez sous les yeux, et qui pourrait former une ville de 5 à 6,000 âmes, se fractionne, grâce à la fiction administrative, en quatre communes sans importance, dont la plus considérable, le chef-lieu de canton, n'a pas 3,000 habitants. C'est dans le faubourg de Cherré qu'est situé un grand corps de bâtiment, à comble brisé, qui fixe l'attention par ses dimensions. C'était, avant la Révolution, le couvent des filles de Notre-Dame, qui l'occupèrent juste un siècle, de 1692, date de son achèvement, à 1792. En côté et au-dessus du couvent, sur la colline, on distingue les murs d'enclos d'un autre monastère, celui des Récollets, fondé par le chef de la Ligue, Charles de Mayenne.

Enfin, à peu près sur le même plan, mais tout à fait à droite, la vieille tour, qui se termine par une double coupole, est le reste de l'église de Cherré, détruite, comme le couvent des Récollets, à la Révolution.

Ce sont là les points sur lesquels se porte involontairement l'attention. De la colline, qui forme le fond du tableau avec des monts se perdant dans le bleu de l'horizon, les yeux redescendent naturellement vers la vallée. Son vert bandeau est sillonné de traits noirs dont les capricieux détours laissent apercevoir çà et là des points brillants scintillant au soleil. Ce sont les rivières mères nourricières de ces prairies : l'Huisne, que nous connaissons déjà, et qui, de ses bras principaux, entoure La Ferté, et lui fait comme une ceinture; et, plus près de nous, la *Même*, débouchant, à notre gauche, de la vallée du Perche dans celle de l'Huisne. Elle prend sa source sur les limites de la forêt de Bellême, près de la fontaine de la Herse, dont les Romains consacrèrent les eaux bienfaisantes à Vénus, à Mars et à Mercure, et dont la médecine moderne a aussi vanté les vertus.

La *Même* n'apparaît dans la vallée de l'Huisne que pour apporter à celle-ci le tribut de son onde, et nous la voyons se perdre dans son lit, à deux kilomètres au-dessous de La Ferté. L'aspect de la prairie change avec les saisons : en été, elle se couvre de faneurs, et, à l'automne, de bestiaux et de laitières ; celles-ci vont traire le lait, qu'elles emportent dans un seau, sur leur tête, comme la Perrette de La Fontaine, mais avec plus de bonheur qu'elle. Le chemin de fer vient encore de jeter une variété de plus dans le tableau. De temps en temps, on voit poindre, tantôt à droite, tantôt à gauche, une ligne de blanche fumée qui signale un convoi. Il est précédé et annoncé de loin par un bruit singulier, sorte de frémissement du sol, ressemblant au sourd roulement d'un orage lointain. L'ardente locomotive franchit en quelques instants la distance qui la sépare de la gare, d'où elle repart bientôt pour disparaître par le point opposé à celui où elle nous est apparue. Oh ! combien le spectacle que nous avons devant nous, ce contraste de la nature, si paisible et si calme, avec l'activité humaine impatiente, supprimant les distances et dévorant l'espace ; ce clocher qui domine le paysage et se dresse au-dessus de la ville qu'il semble protéger, comme l'idée religieuse dans le cœur de l'homme : combien ce tableau pourrait éveiller en nous de pensées diverses, et nous faire rêver longtemps ! Mais craignons que nos réflexions, jointes aux charmes du lieu, ne nous fassent oublier la fuite du temps ; prenons garde de nous laisser surprendre par l'heure qui sonne à l'église de La Ferté, et dont les vibrations affaiblies arrivent à peine jusqu'à nous ; car, si nous venions à entendre à notre gauche, du côté de Nogent, ce frémissement singulier dont nous avons parlé, quelque hâte que nous mettions à descendre pour regagner la gare, quelque avance que nous ayons sur la vapeur, nous courrions risque d'arriver après elle et de manquer le convoi.

L. CHARLES.

PIÈCES JUSTIFICATIVES.

Les détails que renferme cet essai historique sont tirés, en grande partie, des archives de la ville elle-même. Il en existe à La Ferté trois dépôts assez considérables : à l'Hôtel-de-Ville, à l'Hôtel-Dieu et à la fabrique. Mon père a profité de son passage à ces diverses administrations pour compulser les titres qui appartiennent à chacune d'elles; notant la substance, et transcrivant souvent le texte lui-même, selon l'importance des pièces. Ce travail, poursuivi pendant des années, a fourni les matériaux d'une monographie qui pourrait être beaucoup plus complète que celle qui précède; il s'est exercé sur une foule de documents qui, sans avoir une importance de premier ordre, offrent cependant de l'intérêt pour l'histoire du pays et même à un point de vue plus étendu. Ce sont en effet les recherches locales, l'étude des faits particuliers qui forment l'histoire générale, dont ils sont les éléments. Les archives de l'Hôtel-de-Ville fournissent des renseignements sur l'organisation communale, depuis le XVe siècle : celles de l'Hôtel-Dieu font voir ce qu'ont été les établissements charitables, depuis la même époque. Enfin, les titres de la fabrique renferment, en quelque sorte, la relation de la construction de l'église. Comme il n'est plus permis d'écrire d'histoire, si peu importante qu'elle soit, sans appuyer de preuves les faits qu'on avance, et sans citer les sources où l'on a puisé, nous ferons connaître très-sommairement les archives que nous venons d'indiquer et dont nous avons usé. Cette sorte d'inventaire complétera notre notice, et peut-être sera-t-il utile encore pour des études étrangères à notre sujet.

1° *Archives de l'Hôtel-de-Ville.*

20 janvier 1475. « Mandement des habitants au procureur et receveur des deniers communs pour faire réparer les murs de ville derrière l'église, et principalement les faire clore de manière à ce qu'on ne puisse y avoir accès pour voir *le secret d'iceux et faire conspiration ou trahison.* » Pièce en papier.

Le procureur avait été, dit le texte, un des quatre de la ville ordonnés à pourvoir par conseil ou autrement, comme accoutumé est, aux affaires et négoces de la ville, aux gages de... par an.»

7 août 1476. « Devis de travaux à exécuter au boulevart du château devers les prés, d'après l'ordre de monseigneur le duc de Calabre, comte du Maine et seigneur de La Ferté, arrêtés dans l'assemblée des capitaine, bailli, procureur receveur, bourgeois, manans et habitans de La Ferté-Bernard. » Copie en papier, du même temps que l'original.

Guillaume Pierre, maître d'hôtel du duc de Calabre, était *capitaine* de La Ferté-Bernard, d'après ce document.

13 novembre 1477. « Assemblée pour faire une fontaine au carrefour de La Ferté, pour 60 liv. » d'après un marché conclu avec Jehan Chappart : on lui fournissait le bois et autres choses nécessaires à l'entreprise. » Original en parchemin, revêtu de 37 signatures. Deux autres pièces en papier se rattachent à l'établissement de la fontaine : l'une, en date du 23 août 1478, est un ordre au procureur et receveur de la ville de payer une certaine somme pour le remplacement des tuyaux de conduite, en bois d'aulne, lesquels avaient déjà péri ; la seconde, en date du 6 novembre 1483, est un *mandement* au même fonctionnaire, de la part « des eschevins commis par les bourgeois, manans et habitans, aux affaires et négoces communs de la ville », pour remplacer encore des tuyaux de conduite. Cette fois il est question de 1000 liv. de plomb destinées à cet usage. La pièce est revêtue de deux signatures.

12 avril 1479. Pièce en papier portant en marge : « Réparations des fortifications de La Ferté, adjugées au rabais à Jehan le Prince pour 28 liv., le 12 avril 1479, sur le devis fait le 3 avril 1478. » Ce sont des réparations aux quatre ponts levis de la ville.

26 mars 1479. *Vidimus* en parchemin ayant pour titre : « Paiement sur la prévosté de La Ferté pour la réfection des arches de Saint-Julien. » On voit dans cette pièce « que la prévosté de La Ferté a été baillée à Guillemin Dényau et Pierre

Verdier, du jour saint Jehan-Baptiste dernier passé, jusqu'aux ans prochains venant, pour certaine somme de deniers, à la charge de faire les arches depuis le pont de Mesme jusqu'au pont Saint-Julien, moyennant que sur les deniers de la ville ils prennent par chacun an, durant le dit temps, drapant la somme de XI liv. tournois..... »

2 septembre 1480. Pièce ayant pour titre : « Assemblée pour la construction d'une tour au boulevart des portes d'escluses du château de La Ferté... Avec un acquit de l'ouvrage du 15 novembre 1481. » Cette construction, qui coûta la somme de 400 liv., fut ordonnée « par les officiers, manans et habitans, par l'advis et délibération de honorable escuyer Guillaume Pierre, capitaine de la dite Ferté. »

Les pièces principales, les *mandemens*, portent ordinairement pour suscription : « De par les capitaine, officiers, bourgeois, manans et habitans. »

6 décembre 1480. « Pièce intitulée : « Marché du premier pont levis de la porte Saint-Julien. »

4 février 1481. « Réfections des fortifications, arrestées par délibération de honorable escuyer Jacques Ruffier, lieutenant à La Ferté, pour messire Morice du Mène, chevalier, capitaine et gouverneur au dit lieu de La Ferté pour le roi ; où étaient présents maître Pierre Tomyn, Guy de Beaugé, et Robert Hachero, licencié ès-lois, Pierre Peschard, bailli, Pierre Feillet, châtelain, Jehan de Courcillon, procureur, et maître J. Heullant, receveur audit lieu de La Ferté, Adam Leroy, et autres habitants assemblés en grand nombre par le commandement de monseigneur le lieutenant susdit, en l'auditoire où l'on a coutume de tenir la justice du dit lieu...»

26 février 1508. Devis de la charpente du portail Saint-Barthélemy (ou des grands moulins) avec le marché de l'ouvrage. « C'est le devis de la charpenterie à faire de neuf, pour

réparer, mettre à point et en forme la couverture de la tour carrée en laquelle est le portail de la porte des moulins, sur le dernier arras et entablement de la maçonnerie..... »

24 janvier 1575. Adjudication du *petit dos d'âne*, comprenant le terrain qui existe depuis la place Saint-Julien jusques et vis-à-vis le Mail, en cinq lotties; donné à bail hérital pour 15 liv. de rente payables à la ville, et cinq deniers de cens, au duc de Guise, seigneur de La Ferté.

7 février 1575. Adjudication du *grand dos d'âne*, en 10 lotties, pour 27 années, moyennant 15 liv. 15 sols par an. Ce terrain s'étend du moulin à Foulon à la place Saint-Julien.

8 mai 1625. Ordonnance de Louis XIII au sujet de l'embrasement d'une partie de la ville, arrivé le 16 septembre 1624. Original en parchemin, signé du roi.

« L'incendie fut si aspre et si violent, dit le texte, qu'en moins de trois heures il consuma 250 maisons dans lesquelles il y avait environ 400 familles ou mesnages, dont la plupart sont réduites à la mendicité et sorties hors de la ville ; laquelle perte est estimée à 6 ou 700,000 liv., y compris les meubles, marchandises..... La valeur desquelles excédait ce qui reste à présent en ladite ville.....»

En raison de ce désastre, Louis XIII accorde à la communauté le droit de lever, pendant six ans, quatre livres par muid de sel qui se vendra au grenier à sel du lieu, outre les cinq qu'elle levait déjà ; vingt sols par charretée de vin entrant « en la dite ville, faubourgs et bourgeoisies d'icelle,» hormis sur le vin provenant du cru des incendiés. Il décharge pendant 10 ans les habitants de toute taille, hormis le taillon et solde des prévosts des maréchaux, moyennant une rente de 300 liv., qu'ils payeront aux receveurs des tailles, en l'élection du Mans.

15 novembre 1638. Autre ordonnance de Louis XIII, signée de sa main, pour le même sujet. Il accorde, pendant 5 ans, quarante sols par charretée de vin entrant en ville, excepté sur le vin du cru des incendiés. Cette concession est faite en raison des désastres de l'incendie, auxquels vint se joindre une épidémie qui enleva 231 personnes, en 1631, et entre autres, le curé Severin Bertrand, et le maître maçon Gabriel Viet.

Les deniers provenant de l'octroi devaient être employés « à la réfection et réparation des portes, porteaux, tours, murailles et autres édifices publics endommagés par le feu. »

14 juillet 1663. Arrêt du conseil d'Etat portant levée des saisies faites par les créanciers de la ville sur la moitié des octrois à elle appartenant, à la charge de les employer aux réparations des ponts, chemins et autres ouvrages publics.

Cet octroi consistait dans le droit de dixième sur le vin, accordé aux habitants, de temps immémorial, par les rois de France, droit dont il a été plusieurs fois question au cours de la notice.

On voit, par l'arrêt du conseil d'Etat, que la ville de La Ferté entretient, outre ses murailles et ses portes, sept ponts, savoir : deux aux portes principales et cinq autres « ès lieux de Saint-Barthélemy, Saint-Julien, du bastion de la poterne et du Bouché, et une lieue de pavé, à quoi il est nécessaire de travailler, parce que c'est le passage ordinaire de l'Anjou, du Maine et des pays circonvoisins. »

La série des délibérations communales commence à l'année 1692 ; mais il y a quelques lacunes. Outre des renseignements historiques, on en trouve, dans ce recueil, de précieux pour les droits de la ville. Tout ce qui pouvait l'intéresser, ordonnances royales, création d'offices, mémoires sur différents sujets, etc..., y a été transcrit. Nous citerons, parmi les pièces qui pourraient encore être utiles, l'ordonnance de Louis XIV, concédant aux sujets de son royaume les terrains, places, remparts, fortifications appropriés à leur usage, moyennant 12 deniers de cens, par chacun an ; (registre de 1694, page 1.)

Un mémoire de l'abbé de la Pelice, Le Franc des Fontaines, au sujet des inondations et des moyens d'y remédier. (13 juillet 1773, folio 206 et suivants.) Ce mémoire paraît avoir servi de base à un règlement imprimé qui parut peu de temps après.

Les documents relatifs à l'état civil, antérieurement à la Révolution, se composent : 1° des registres des décès et inhumations, depuis 1629 jusqu'à 1790 ; 2° des naissances et baptêmes, depuis 1565 jusqu'à 1668 ; 3° d'un gros registre-répertoire de tous ceux qui ont été baptisés, mariés et inhumés en la paroisse depuis 1630 jusques et y compris 1788. Ce répertoire, dû à M. Guillochon, curé de La Ferté, de 1713 à 1765, a été continué par M. Bellenfant, son successeur.

Nous devons noter encore, parmi les titres de l'Hôtel-de-Ville, un manuscrit sur parchemin de grande dimension, contenant l'histoire du pays Fertois. L'écriture est de la dernière moitié du XVIIe siècle. Les histoires manuscrites que possèdent plusieurs personnes de la localité paraissent tirées de cet original ; néanmoins elles en diffèrent un peu et valent mieux que lui. Le Paige (1), qui, pour ses travaux sur le Maine, s'était procuré une de ces copies, en a fait honneur à Dabon de la Taille, auquel il la devait : il est plus juste d'en attribuer la rédaction à Dorsvilliers, « garde de la remembrance du trésor de la baronnie de La Ferté, » à la fin du XVIIe siècle. Le soin avec lequel on défend, dans cet ouvrage, les droits du seigneur, annonce que l'auteur était attaché à sa maison. Il est à regretter

(1) Le Paige (Dictionnaire topographique, historique, etc., du Maine) donne, sur La Ferté-Bernard, un article fort étendu et plein de ces détails précis qu'on ne trouve que dans les ouvrages antérieurs à la Révolution. Il est extrait en grande partie du manuscrit en question.

que tous ces manuscrits renferment beaucoup d'erreurs historiques. Quelques uns d'entre eux contiennent une relation du siége de La Ferté, en 1590, relation due, très-probablement, à la Ligue elle-même, ou à ses partisans.

2° *Archives de l'Hôtel-Dieu.*

L'Hôtel-Dieu de La Ferté parait dater de la même époque que la maison de Coeffort du Mans. L'histoire manuscrite du pays Fertois prétend même qu'il est antérieur à cet établissement, par des raisons puisées dans le droit ecclésiastique. Quoi qu'il en soit, son aumônerie appartenait, à l'origine, à Coeffort, et c'était, pour le revenu, la plus considérable des quatre que possédait cette maison. Les frères prenaient le titre de *maîtres administrateurs* de l'Hôtel-Dieu de La Ferté, et disposaient de tout en conséquence, louant les biens et percevant les revenus, dont ils usaient à leur guise. Mais, en 1527, le bailli de La Ferté fit saisir le temporel sur le maître administrateur qui ne s'acquitait pas de ses obligations envers les pauvres, et ne payait point « les devoirs dus à Mgr (Claude de Lorraine), » entre les mains duquel ce temporel fut remis. La saisie fut le commencement d'une série de procès, durant lesquels les titres les plus anciens de l'hospice, ceux qui auraient pu nous donner quelques éclaircissements sur son origine, s'égarèrent par suite des fréquents voyages qu'on leur fit faire à Paris. Force resta au bailli, ou plutôt à son patron, le duc de Guise, qui obtint, en 1546, un arrêt du Parlement conférant le gouvernement de l'Hôtel-Dieu à deux personnes laïques, notables bourgeois ou marchands du lieu, nommés de deux ans en deux ans par la ville, et rendant leurs comptes, chaque année, devant les officiers du seigneur. Il ne fut point dérogé depuis à cette coutume, malgré les fréquentes tentatives faites par les adversaires des habitants pour les déposséder de l'administration de leur Maison-Dieu. Quant à l'aumônerie, elle se convertit en une rente qu'on paya aux frères de Coeffort et à leurs successeurs, les prêtres de la mission, qui chargèrent un prêtre résidant à La Ferté de l'acquit des fondations auxquelles ils étaient tenus. Néanmoins, les contestations relatives à cette question ne furent terminées qu'en 1709, et ont laissé des traces nombreuses dans les archives.

En 1687, les administrateurs traitèrent avec des sœurs de Mortagne pour le soin des malades ; jusqu'alors ces soins avaient été donnés par des *serviteurs à gages*, même à l'époque des frères de Coeffort. Les sœurs s'obligèrent en outre « à instruire les petites filles des habitants tant en la religion catholique, qu'au travail, ouvrage et étude convenables à leur sexe et à leur âge ; les pauvres gratuitement, et les riches pour trois sols par jour ; » on les recevait depuis 6 ans jusqu'à 12, et l'hospice habillait les élèves pauvres à ses frais, à leur entrée et à leur sortie de l'école.

L'instruction des pauvres est l'une des œuvres charitables auxquelles la Maison-Dieu de la Ferté était obligée. Dès 1566, on voit figurer à son budget « les gages accoutumés du prin- « cipal du collége, pour endoctriner les enfants, et leur ôter « toute pétulance et immodestie, même la liberté de vaquer en « çà et là. » (Livre Terrier, page 7, archives de l'Hôtel-Dieu.)

En 1624, ces gages se montaient à 60 liv. (Livre Terrier, page 255.) On recevait aussi les enfants trouvés, et le refus de les admettre est un des griefs reprochés aux frères de Coeffort dans la saisie de 1527. (Livre Terrier, page 13.)

A l'hospice, était réunie la léproserie de Saint-Laurent, située dans la paroisse de Saint-Antoine; elle avait un titre de chapelain, à la nomination des habitants.

Cet exposé historique, extrait des archives mêmes, indique

la nature des pièces qui les composent ; elles sont généralement relatives aux longues difficultés survenues pour l'administration. Une première liasse, cotée A, renferme 55 pièces, lettres patentes, édits et arrêts du Parlement, depuis François Ier jusqu'à Louis XIII, lesquels déboutent les confrères du Mans de leurs prétentions (1); plus l'acte d'établissement des sœurs hospitalières en 1687, et la permission accordée, à ce sujet, par le duc de Richelieu, qui l'a signée de sa main, main rebelle à l'art de la calligraphie. Une autre liasse également intéressante pour l'histoire de l'Hôtel-Dieu, c'est la troisième, cotée C. Elle contient six pièces relatives à la ruine de l'établissement pendant le siége de 1590. On y trouve : un procès-verbal de l'état des lieux après le désastre, deux requêtes des habitants « à leurs seigneurs de parlement » pour obtenir l'autorisation de vendre une futaie, afin de réparer la Maison-Dieu et la chapelle ; enfin le procès-verbal du sénéchal de la visite de l'immeuble, et de sa vente.

Nous devons aussi mentionner, parmi les documents bons à consulter, trois grands registres cotés BS, BT et BY. Le premier est intitulé : « Livre Terrier du domaine, cens, rentes, dons, legs et appartenances de l'Hostel-Dieu de La Ferté-Bernard et léproserie Saint-Laurent. » Il est écrit, au commencement, avec grand soin, enrichi de vignettes au trait, de lettres ornées, et débute par « le catalogue des commissaires de « l'Hostel-Dieu de la Ferté-Bernard, depuis l'an mil cinq cent « quarante-six, qu'il a été par eux régi pour le temporel, à « l'exclusion des maistres administrateurs en tiltre de bénéfice, « en exécution des arrests de la cour, règlemens du roy, etc. » On reconnaît là le cri de triomphe de la communauté Fertoise après sa victoire sur Coeffort. Ce registre est le plus ancien et le plus curieux : il se compose de 411 feuilles, dont les 112

(1) Mémoires sur la question, etc...

premières sont les copies de titres originaux, antérieurs à 1567, date de cette transcription ; tout ce qui pouvait intéresser la Maison-Dieu, la saisie de 1527, les arrêts du Parlement et les édits, se trouvent dans ce registre, dont les derniers articles portent la date de 1712. 46 pages, depuis le folio 369 jusqu'à 392, y sont consacrées à la transcription d'un arrêt du grand conseil rendu au profit des administrateurs, contre un Portugais, protégé du cardinal du Perron, grand aumônier de France. Ce Portugais, nommé Diais, avait obtenu du cardinal les provisons de *chapelain* et *maître administrateur de la Maison-Dieu*, et s'était fait installer par huissier, malgré l'opposition de la ville de La Ferté. Celle-ci, soutenue par la famille de Lorraine, dont la puissante protection la servit admirablement dans toutes les circonstances de cette nature, triompha de Diais et de son patron. Elle obtint un arrêt longuement motivé, et rempli de détails historiques, qui la maintint dans son droit d'administrer exclusivement l'Hôtel-Dieu.

Le second registre contient les *mandemens* de la dépense de la maison, depuis 1687. Sur les premières pages, ont été copiés : « les pouvoirs des habitants pour l'établissement des sœurs hospitalières, l'acte d'établissement de ces mêmes sœurs, et d'autres actes relatifs audit Hôtel-Dieu, » donations, fondations, etc.

Le troisième registre, coté BY, contient les délibérations « des bureaux ordinaires et extraordinaires depuis 1751. »

Il existe plusieurs autres registres et liasses de titres dont il serait trop long de donner ici l'énumération. L'inventaire de 1785, probablement le seul qui ait jamais été fait, donne, à ce sujet, tous les renseignements désirables. Cet inventaire, dressé avec soin, se trouve dans les archives de l'Hôtel-Dieu. Quelques documents cependant n'y figurent point, sans doute à cause du peu d'intérêt qu'on leur supposait. Au nombre de ceux-ci, se trouve une collection de papiers renfermés dans un vieux sac en toile, du XVIe siècle, portant une étiquette peu en rapport avec son contenu. Ce sont des requêtes adressées au bailli pour obtenir des secours de l'hospice. L'établissement ne pouvant, à une certaine époque, recevoir les malades par suite du délabrement des bâtiments, les secourait à domicile. Cette gothique écriture n'est qu'une longue complainte sous différentes formes et n'exhale que doléances. C'est une pauvre mère de famille alitée qui implore assistance ; puis un charpentier qui, la tête fendue par une chute, se trouve depuis quinze jours « aux mains des barbiers, » les chirurgiens du temps; un malheureux « cousturier » blessé d'une pertuisane par les *reistres*, dans une expédition à Ceton ; un autre habitant, atteint de « deux coups de plomb » par les protestants de Bonnétable qu'on avait voulu surprendre (1). A côté de noms obscurs, nous avons eu le regret d'en trouver un connu : en 1588, la veuve d'un descendant de Franç. de la Lande, le vitrier de l'église, au commencement du même siècle, était réduite à solliciter les secours de l'hospice. Elle se nommait « Charlotte Plessis, veufve Michel de la Lande, en son vivant vitrier. » Hâtons-nous de refermer la poudreuse enveloppe : toutes les misères humaines en sortiraient.

3° *Archives de la Fabrique.*

Le premier inventaire des titres est de 1729 ; il y en a une copie dans les archives ; le second date de 1783, il est du notaire qui instrumenta à l'Hôtel-Dieu, deux années plus tard. Beaucoup de pièces, principalement les comptes du XVe siècle, ont disparu depuis l'époque de sa rédaction.

Les plus anciens titres datent du XIIIe siècle ; ils font partie

) Nous sommes au temps des guerres civiles, en 1568.

d'une liasse intitulée ; « Maison de Malconseil », dont nous allons faire connaître les pièces les plus importantes.

1263. Donation par Bernard, *dnus de Feritate Bernardi*, et *Johanna*, sa femme, au couvent de la Pelice, d'une maison nommée *Malconseil*.

Original en latin, écrit sur un parchemin auquel pend un grand sachet, aussi en parchemin, où les bénédictins avaient enfermé le sceau pour le conserver. Il est cependant détruit.

1263. Ratification de ladite donation par le comte d'Anjou. Original écrit en français sur un parchemin qui devait être scellé de deux sceaux, celui du comte d'Anjou, et celui de la cour du Mans; ils ont disparu. Cette charte contient la traduction de la précédente : « Bernard, seigneur de la Ferté, et Johenne, sa femme, donnent à perpétuelle aumône, à l'abbé et au couvent de Notre-Dame de la Pelice, la maison de Mauconseil, qu'ils ont achetée de Guille de Corteil, écuyer, et de Béatrix, sa femme. Ils veulent que la maison soit franche et quitte de tout cens, de toutes coutumes, de toute redevances et de toutes exactions séculières; et que celui qui l'habitera, quel qu'il soit, de quelque lieu qu'il vienne, soit franc et quitte de ces choses, quand même il ne serait pas déjà ou n'aurait pas été un des *bourgeois*. Ils entendent qu'il jouisse des mêmes priviléges tant qu'il habitera ladite maison, par toute la terre du seigneur, excepté quarante des *bourgeois* que Bernard et sa femme voudront désigner. Les deux époux accordent en outre, aux religieux, franchise entière pour tous leurs biens, ne se réservant que la justice « grande et petite... pour cause de méfait appert. » Ils leur donnent encore le droit de passer par-dessus les fossés pour exploiter la maison de Malconseil, jusqu'à ce que la ville soit close de murs et les fossés pleins d'eau, dans le cas où il plairait au seigneur de le faire. » *Vidimus* de 13..., écrit avec le plus grand soin.

1263. Charte latine émanant de l'officialité du Mans, et qui approuve la donation du seigneur de la Ferté. Original en parchemin, scel perdu.

1264. Autre charte émanant encore de l'officialité du Mans. Original en parchemin.

1273. Charte latine émanant de « *Hugo dn̄us de FFerté B̄nardi*. C'est le fils de Bernard et de Jeanne. Original en parchemin, scel perdu.

1454. Charte de André, abbé du monastère de Sainte-Marie de la Pelice : le sceau, en cire verte, est de forme ogivale et représente la Vierge tenant l'enfant Jésus sous un dais, dans le style du XVe siècle; pour légende : SIGILLŪ. ANDREE... E. MARIE DE PELICIA (1).

1481. Pièce scellée et contre-scellée du sceau « de la cour du Mans. » Les deux empreintes sont en cire verte. Le sceau représente une couronne à trois fleurons, dont le fleuron central est surmonté de la moitié d'une grande fleur de lys, accostée de deux petites étoiles à six rais. Le contre-sceau représente une grande fleur de lys surmontée de deux couronnelles. La légende n'est pas visible (2).

1524. Pièce émanant de Thomas Heullant, bailli de La Ferté. La cire du sceau est recouverte d'un papier qui a rendu l'empreinte peu visible. Nous croyons y distinguer un écu chargé de trois quinte-feuilles, posées 2 et 1.

1539. Lettres patentes de Claude de Lorraine, signées de sa main et scellées de ses armes, portant remise « des lots, ventes et amortissement de ses droits en une maison donnée à la

(1) V. la planche fig. 5.

(2) Voyez, sur le sceau de la cour du Mans et sur son origine, *la sigillographie du Maine, précédée d'un aperçu général sur la sphragistique* ; par M. E. Hucher.

Pelice par la fabrique, en échange de Malconseil. » L'empreinte, en cire rouge, est peu visible.

Le reste de la liasse n'offre plus d'intérêt.

1367. Erection de la paroisse de La Ferté par Michel de Brèche, évêque du Mans, qui consacre « une chapelle ou plu-« tôt une basilique, construite dès les temps les plus reculés, « et réédifiée depuis longtemps, fondée en l'honneur de la « bienheureuse vierge Marie ; avec une petite pièce de terre « contiguë pour servir de cimetière...» Cette charte n'existe plus dans les archives ; mais nous en possédons une copie du XVIIIe siècle, que nous traduisons.

1375. Fondation de la chapellenie de Saint-Gatien, dans l'église de La Ferté, par Jehan Croupet, écuyer, et Jehanne, sa femme. Cette chapellenie, dotée de 20 francs de rente, devait être desservie par un bénédictin de la Pelice, « à l'autel de saint Gatien, dans l'église de la Sainte-Vierge de la Ferté-Bernard. »

1381 et 1397. Testaments de Croupet et de sa femme pour une distribution de deniers à faire aux pauvres, à la porte de l'église, le premier dimanche de carême.

Ces deux pièces et la précédente ne se trouvent plus dans les archives.

1449. Fondation de la chapellenie de Sainte-Catherine au profit des régents des écoles.

Les titres du collége font partie des archives de la fabrique; nous trouvons, à la date de 1475, la pièce suivante :

« A très-haut, très-puissant prince et notre très-redouté « seigneur, Mgr le duc de Calabre, comte du Maine, de « Guise, de Mortaing, seigneur de la baronnie et seigneur de « La Ferté, vos très-humbles sujets les bourgeois, manans et

« habitans de La Ferté : comme de tout temps la nomination « et présentation de la maîtrise et régence des écoles, tant de « grammaire que de musique,... nous appartienne, et à vous « de votre plein droit... en appartienne la collation et pro- « vision, et qu'autrefois nous eussions présenté à prince de « bonne mémoire, feu notre très-redouté seigneur, votre père, « que Dieu absolve,... maître Pierre Bisson, prêtre, qui à ces « titres eût icelles écoles,... et de présent n'y peut vacquer... « nous vous nommons et présentons... maîtres Jehan Joubert « et Olivier Bischon... (1) Scellé des sceaux des contrats de « votre seigneurie de La Ferté.»

Une autre pièce, à la date du 19 avril 1518, est un arrêt du bailli, rendu à la requête des régents, pour interdire une classe indûment ouverte par un nommé Blanchart. Enfin, nous trouvons le procès-verbal d'une assemblée de notables, convoqués par le lieutenant général du marquisat de Mayenne, au siége de La Ferté, le 22 février 1563, à l'effet de pourvoir « à la principale régence des écoles, et à la réformation d'icelles. » Le régent nommé est maître Potier, aux gages de 80 francs, payés par les administrateurs des confréries de Sainte-Catherine, le service divin déduit, et par les commissaires de l'Hôtel-Dieu de Saint-Julien, et Maladrerie de Saint-Laurent.

24 juillet 1449. Lettres patentes de Charles VII, datées de Chinon. Copie certifiée par (2) « Michel Pérot, de par le roi, maître des exempts, par appel au pays et comté du Maine.» Le roi accorde à sa ville de La Ferté, *assise en pays de frontières*, et obligée de faire de grands frais pour réparer ses murs, bou-

(1) Celui qui mourut en 1480, et dont l'épitaphe est au bas du clocher, à l'extérieur.

(2) Un personnage est cité dans le cartulaire de l'Epau, conservé par Gaignières (Bibl. du Mans, car. abb. de Pietate Dei) sous ce titre « Michel Pérot, bailly de Mondoubleau, chapelain et lieutenant général de Mgr le bailli de Vendomois... etc. 1442. Ne serait-ce point le même ?

levarts, portes et fossés, l'*aide de l'appétissement* de la dixième partie de la mesure du vin et autres breuvages vendus en détail dans ladite ville, terre et châtellenie, pendant huit ans, qui commenceront à courir lors de l'expiration de la permission de dix années, qu'il a précédemment octroyée. Le produit doit être employé aux réparations des défenses de la ville; « pourvu que à ce consente la plus grande et saine partie des habitants desdites ville et châtellenie. »

5 décembre 1468. Copie d'autres lettres patentes de Louis XI, données à Mehun-sur-Loire pour le même objet. Ce roi qui, depuis son avénement, avait déjà accordé une permission semblable à celle octroyée par son père Charles VII, confirme les habitants dans leurs priviléges pour 9 années. Le produit du droit de dixième doit être employé moitié aux fortifications, et moitié « ès édifices et réparations des tour et église de La Ferté. »

1477. Nouvelles lettres patentes de Louis XI, pour 10 années.

1500. Lettres patentes de Louis XII, conçues dans les mêmes termes que les précédentes, accordant les priviléges pour 12 ans. (Ces pièces sont la 6e, la 2e et la 13e de la liasse 8e, cotée H.)

4 novembre 1482. Cession faite à la fabrique, par le curé, de l'ancien presbytère situé rue Gaudard, pour une maison située devant les halles, près du château (c'est le presbytère actuel). Cet échange est consenti par le curé Jehan Jugoul ou Jugout, en présence du bailli, du receveur de ville, de trois « des quatre autrefois députés et commis par les bourgeois, « manans et habitans, au régime et gouvernement des négoces « et affaires de la ville, et à la distribution des deniers d'icelle, « et d'une foule de personnes disant être la graigne et la plus « saine partie des manans et habitans. » L'ancien presbytère

étant devenu inhabitable par suite des travaux entrepris pour l'agrandissement de l'église, la fabrique donnait au curé, comme indemnité de logement, une somme de 6 livres, avec la jouissance des jardins dépendant de la *chapelle Saint-Barthélemy*, jusqu'à ce qu'on puisse lui fournir une maison convenable.

14 août 1484. Vente faite à la fabrique d'un emplacement pour agrandir l'église du côté de la façade occidentale. Cet emplacement avait autant de largeur qu'en comportait « l'édifice de nouvel édifié pour l'accroissement en la longueur de l'église. » La cession a lieu moyennant « 26 écus d'or, à la raison de 34 sols tournois chacun écu, deux aunes de drap gris, du prix de 40 sols tournois, 7 sols 6 deniers tournois de vin de marché, et l'honneur d'être enterrés gratis dans l'église, réservé pour le vendeur et sa femme. » (Liasse 1re, cotée A, pièce. 5)

23 mai 1505. Acquisition d'une partie de la maison de *Mauconseil*, faite par la fabrique, pour agrandir l'église vers l'est et le cimetière. Cette maison de Mauconseil, donnée au couvent de la Pelice par Bernard, seigneur de La Ferté en 1263, était située sur l'emplacement de la chapelle du chevet.

17 avril 1524. Acquisition de ce qui restait de la maison de Mauconseil. — Les moines de la Pelice, au nombre de 13 ou 14, s'assemblent en chapitre capitulaire et consentent l'abandon de leur propriété, en échange d'une maison sise rue Bourgneuf, que les procureurs de la fabrique s'obligent à leur fournir. Les religieux se réservent encore le droit de célébrer leur office dans la chapelle qu'on doit bâtir, et ce, en cas où la guerre les forcerait à se renfermer dans la ville de La Ferté L'acte est signé de : Jehan Poraire, abbé du monastère ; messire Jehan Toullifault, secrétaire ; frère le Galliet, procureur du cloître ; frère Renault Masset, secrétaire de l'abbaye ; frère

Guillaumede l'Enfernal; frère Jehan Loys, prieur; frère Pierre Denis, chapelain; frère Jacques de Mornay; frère François de l'Enfernal; frère Guillaume Bigot; frère Godefroy de Bellon ou Bellou; frère Eloi Toullifault; frère Michel Bourdin; frère Pierre : tous religieux profès de ladite abbaye de la Pelice, et tout le couvent dudit lieu lès-La-Ferté-Bernard.

Le jour même où les religieux de la Pelice se réunissent en chapitre capitulaire, les habitants deLa Ferté s'assemblent sous la présidence du bailli, en présence du juge du Maine, commissaire du roi, Pierre de Cohardy, et ratifient les conditions de la cession de Mauconseil.

1er février 1529. Acquisition de la maison de la rue Bourgneuf, appartenant à Jehan Gaubert, sénéchal de Nogent-le-Rotrou.

3 mars 1530. Supplique des procureurs de fabrique a madame la duchesse de Guise, Antoinette de Bourbon, pour obtenir la dispense des indemnités et profits de fief, à elle dus à cause de la précédente acquisition. La dame de Guise les dispense de la moitié des droits.

15 septembre 1532. Nouvelle supplique pour obtenir la dispense de cette moitié.

Antoinette de Bourbon l'accorde, à condition qu'on fera faire, au *plus beau lieu de l'église*, une vitre représentant l'*Annonciation*, et portant ses armes et celles de *son très-cher et très-aimé sire époux*, Claude de Lorraine.

Vérification et homologation de cette pièce par le bailli, le châtelain et le procureur de la cour de la baronnie de La Ferté, Thomas Heullant, licencié ès-lois; Jehan de Beaugé, aussi licencié ès-lois, et Jacques Leprince, bachélier ès-lois.

22 octobre 1498. Marché conclu entre la fabrique et « *Robert*

Courtois, demeurant à La Ferté-Bernard, » pour la verrière de *l'arbre de Jessé*, qui doit être placé à la *grande croisée de la nef*. On donne cent livres pour cette vitre. (Liasse 6e, cotée F, pièce 4e.) Original en parchemin.

17 janvier 1501. Marché conclu avec Evrard ou Everard Baudot, organiste et faiseur d'orgues, pour exécuter le cul-de-lampe des orgues, moyennant 60 francs. Le travail doit être « d'œuvre magnifique, honnête et de bon bois de chêne de forêt, dont fournira ledit Baudot la menuiserie, en forme de cul de lampe, assise... sur l'arche... joignant la tour... et les orgues au-dessous... sonnants pour en jouer le jour de Pâques.» Si l'ouvrage est de moindre valeur que le prix offert, il en sera diminué 10 liv.; s'il est de plus grande valeur, il sera alloué 6 liv. en plus. La suspension des orgues reste à la charge de la fabrique. C'était un vieil instrument qu'on plaça sur ce cul de lampe; les nouvelles orgues ne furent exécutées qu'en 1536 par Pierre Bert, facteur du Mans. (Liasse 6e, cotée F, pièce 6e.)

11 octobre 1529. Mémoire de l'hôtelier Guille Conillo, qui hébergea l'évêque de Léon et sa suite, lorsque le prélat vint bénir les chapelles absidales nouvellement construites, le 2 octobre 1529. L'évêque arriva le samedi, avec huit chevaux, et repartit le lundi matin. La dépense, qui se montait à 14 liv. 8 sols 6 deniers, fut soldée par la fabrique.

13 avril 1533. Correspondance relative à l'obtention d'indulgences en faveur de l'œuvre de N.-D. des Marais. Lettre adressée de Bourges aux procureurs de fabrique, par Julien le Troing, qui signe « Votre bon voisin et petit clerc,» pour leur envoyer copie de la lettre écrite par François Ier au saint-père, et les avertir qu'il a expédié les pièces à Mgr de Mâcon et autres, ambassadeurs à Rome. Julien le Troing, natif de La Ferté, paraît être en faveur auprès de puissants personnages,

qu'il appelle *ses bons seigneurs et amis*. (Liasse 10e, cotée K, 11 pièces.)

Copie de la lettre de François Ier au saint-père, en date du 19 mars 1533.

Pièce qui fait connaître les indulgences accordées par le saint-père, à la sollicitation du roi, en faveur des bienfaiteurs de l'œuvre de N.-D. des Marais.

« Notre saint-père le pape, informé des grandes nécessités...
« de la dévote église de La Ferté, et aussi que... ont surfait
« plusieurs grands édifices et réparations... que longtemps
« ne pourront être parachevés ;... ayant singulière dévotion en
« ladite église, et aussi désirant le salut des âmes, a ouvert
« son trésor de notre mère sainte Eglise *à tous présents et à venir*
« *confrères de la confrérie et bienfaiteurs de ladite église*, qui
« icelle visiteront, et y donneront de leurs biens, à leur dévo-
« tion et selon leur puissance, gagneront toutes et telles grâces,
« pardons et rémissions desdits péchés et indulgences qui ont
« été données aux bienfaiteurs, et visitant l'église du glorieux
« saint et ami de Dieu Mgr saint Sébastien de Rome... »

Suit le détail des indulgences accordées à cette basilique par un grand nombre de papes.

La confrérie de Saint-Sébastien, dont les membres payaient une redevance annuelle de 6 deniers pour l'œuvre de N. D., fut fondée à cette époque, d'après les termes de la pièce que nous mentionnons, laquelle est la charte « du grand pardon
« général des peines, rémissions et autres indulgences données
« et octroyées *à perpétuité* aux confrères de la confrérie de
« nouvel érigée, de l'autorité du saint-siége, appliquées en
« l'église parochiale de N. D. des Marais de La Ferté-Bernard,
« au diocèse du Mans, en l'honneur de Dieu et du benoist
« glorieux martyr, Mgr saint Sébastien, et aux bienfaiteurs
« de ladite église, par le moyen et intercession duquel saint

« Sébastien, de la subite et piteuse maladie que nous appelons « la bosse et épidémie qui est, en sont préservés et gardés plu- « sieurs...» (Liasse 10e, cotée K, 1re pièce.)

Frère Jehan Lunel, originaire de La Ferté, « humble abbé du couvent de Saint-Sébastien de Rome, » venait visiter l'association pieuse fondée dans sa ville natale, et recevait, vers la Toussaint, deux ducats que la fabrique lui comptait pour sa maison d'Italie.

4 octobre 1534. Don fait par le seigneur baron de La Ferté, (Claude de Lorraine,) d'un arpent et demi de terre, à prendre dans son champ de la Cohière, pour faire un cimetière. « Claude « de Lorraine, duc de Guise, pair de France, comte d'Aumale, « baron de La Ferté-Bernard, Mayenne-la-Juhel, Sablé, « Joinville, lieutenant du roi et gouverneur en ses pays de « Champagne et Brie, etc...

« A tous ceux qui ces présentes, etc... »

1525 à 1542. Comptes de fabrique.

La collection des comptes de fabrique, assez complète à l'époque de l'inventaire, ne se compose plus aujourd'hui que de quatre registres. Le premier, consacré à l'année 1525, est sans commencement et sans fin ; le second donne les recettes et les dépenses des trois années 1530, 1531 et 1532 ; le troisième donne les comptes de 1533, 1534 et 1535, et le dernier, ceux de 1541 et 1542.

C'est dans ces cahiers, à l'article « dépense », qu'on rencontre les détails les plus intéressants sur les travaux de l'église, l'achat des matériaux ; les paiements effectués aux *maîtres maçons, à leurs compagnons*, aux vitriers pour leurs verrières, etc.

Il n'existe aucun document qui puisse nous renseigner sur les progrès de la construction de l'église, depuis 1542 jusqu'à 1569.

1569. Vente du jardin tenant à la chapelle Saint-Barthélemy, pour 100 écus soleil. Cette somme sert à finir les trois derniers arcs-boutants du chœur, au nord.

15 avril 1577. Marché conclu avec un charpentier pour faire les échafaudages du bas chœur méridional, ou de Sainte-Catherine, moyennant 45 liv. La fabrique fournit de bois, que le charpentier doit aller abattre dans la forêt de Hallais, à la Bosse, Bois-aux-Moines et ailleurs. (Cette pièce, ainsi que les deux suivantes, fait partie de la liasse 6e, cotée F.)

5 novembre 1577. Jehan Viet, maître maçon, se charge de faire les voûtes de ce bas côté pour 204 liv., et garantit son ouvrage trois mois après l'enlèvement des cintres.

Dès le 10 juin de la même année les procureurs de fabrique avaient fait marché pour les matériaux : ils avaient acheté « un cent de pierre pour faire ogives faites en parpaings de longueur, moitié de 2 pieds, et l'autre moitié de 20 pouces de longueur, de 3 pouces d'épaisseur de pince ; 3 clefs de chacune 3 pieds de long et de 2 pieds de grosseur en tout sens, et 1500 de pendants de 11 pouces de longueur, d'épaisseur 6 pouces, et de largeur 9 pouces ; le tout pris sur les pierrières de Montavi et des Guillemétières ; lesdites ogives et clefs pour la somme de 5 sols chacune,... et chacun cent de pendants la somme de 8 liv. »

1616 à 1624. Pièces relatives à la construction d'une chapelle qui sert aujourd'hui de sacristie. Elle fut bâtie aux frais d'une demoiselle pieuse, nommée Marie de Fabvre, qui mourut pendant la construction, et dont les héritiers eurent des difficultés avec la fabrique au sujet de la dotation de cette chapelle.

Année 1624 et suivantes. Diverses pièces concernant la confrérie du Saint-Sacrement, établie dans la chapelle du Chevet, nommée le *Rosaire*, en 1624. (Liasse 11e, cotée L.)

Il existe, dans les archives de la fabrique, un grand nombre de titres que nous ne mentionnons pas ici. Ils ont trait : 1° aux nombreux procès que l'église eut à soutenir à différentes époques ; 2° aux confréries de Sainte-Catherine, de Saint-Sébastien, du Saint-Sacrement et des Prêtres, qui y étaient établies, et à certaines fondations ou chapellenies aussi attachées à l'église.

4° *Archives du département de la Sarthe.*

PROCÈS-VERBAL DE SAISIE DES CHATEAU ET VILLE DE LA FERTÉ-BERNARD, SUR PIERRE DE CRAON, ASSASSIN DU CONNÉTABLE DE CLISSON, EN VERTU DES LETTRES PATENTES DE CHARLES VI, ORDONNANT L'ARRESTATION DUDIT PIERRE DE CRAON ET AUTRES SES COMPLICES.

1er juillet 1392. Hutin de Ruity, examinateur de par le roy notre sire au chastelet de Paris, commissaire en ceste partie, a noble homme Robert le sénescal, escuier, salut. Comme par vertu de certaines lettres de commission de noble homme et sage monsieur le prévost de Paris, desquelles la teneur sensuit : « Jehan, seigneur de Foleville, chevalier, conseiller du roy notre sire, garde de la prévosté de Paris et commissaire du dit seigneur en ceste partie, à maistre Hutin de Ruit, examinateur de par le roy notre sire au Chastelet de Paris, salut et dileccion. Receu avons les lettres du roy, notre dit seigneur, a nous adressant, desquelles la teneur sensuit : Charles, par la grâce de Dieu, roy de France, au prevost de Paris ou a son lieutenant, salut. Nous, pour certaines justes causes et considérations qui ad ce nous mouvent, vous mandons, commandons et estrictement enjoignons en commectant par ces présentes que en quelconque lieu que vous pourrez savoir ou trouver en notre roiaume, hors lieu saint, Pierre de Craon et ses complices, c'est assavoir : Bonnabes de Tussé, chevalier ; Guillaume son frère, demeurant à Bengelle, pres La Ferté-Bernart; Jehan de Champchevrier, chevalier; Pierre de Treffo, escuier, demeurant à la Roche, pres de La Ferté; Jehan de Hubines, Poncelet de Maire, Jehan Gosset, Jaquet Gossoyn, Hennequin, queux du dit Pierre de Craon, né du pays de Flandres; le varlet dudit Treffo; Hennequin, page du dit Jaquet, né du pays d'Alemaigne; Macé Coquin, de La Ferté-Bernart; Jehan, l'ostrucier du dit Pierre de Craon, né d'environ Pontoise; Jehan le Maire, varlet du dit Bonnabes, et Addam Davelins, escuier : vous yceulx prenez ou faites prendre et amener prinsonniers, sous seure et sauve-garde ès prisons de notre Chastellet de Paris, pour en ordonner par nous comme bon nous semblera; et aussi prenez et faites prendre et mettre en notre main, realment et de fait, touz les chasteaux, villes, forteresses, terres, possessions et biens meubles et immeubles quelconques des dessus nommés, estant en notre dit roiaume, soubz quelque pouvoir ou juridiction qu'ilz soient, et les baillez en garde de par nous à personnes suffisantes qui en puissent et sachent respondre, toutesfois que mestier sera; et en ce procedez le plus diligemment que vous pourrez par main armée se mestier est, tellement que la force en soit notre. — Mandons a touz nos justiciers, officiers et subgez que a vous et a vos commis et depputez en ce faisant obeissent et entendent diligemment et vous prestent et donnent conseil, confort, aide et prisons, se mestier est et requis en sont. Données, à Paris, le XIIIe jour de juingn, l'an de grace mil CCC IIII^{XX} et douze et le XIIe de notre règne. Ainsi signées : par le roy en son conseil, Mauleve. » — Par vertu desquelles lettres nous vous mandons et commettons que messire Pierre de Craon, messire Bonnabes de Tussé, messire Jehan de Champchevrier, chevalier ; Guillaume de Tussé, frère du dit Bonnabes; Pierre de Treffo, escuiers; Jehan Gosset, Jehan de Hubines, Poncelet de Maire, Jaquet Gossoyn, Hennequin, queux du dit messire Pierre de Craon; le varlet du dit Treffo; Hennequin, page du dit Jaquet, Macé Coquin; Jehan, l'ostrucier du dit messire Pierre; Jehan le

Maire, varlet du dit Bonnabes, et Addam Davelins, escuier, touz nommez es dictes lettres dessus transcriptes, vous yceulx et chacun d'eulz, en quelque lieu que trouver les pourrez ou roiaume de France, hors lieu saint, prenez et soubz seure et et sauve-garde les amenez et faites amener prisonniers ou Chastellet de Paris, suivant la forme et manière que le roy notre dit seigneur le mande par ses dites lettres, en prenant et mectant en la main du roy notre dit seigneur, realment et de fait touz, les chasteaux, villes, forteresses, terres, possessions, biens meubles et immeubles quelconques estant ou dit roiaume, et iceulx baillez en guarde a personnes qui en puissent et sachent respondre et bon compte rendre quant mestier sera — le roy notre dit seigneur par vertu des dictes lettres a touz a qui il appartient que a vous en se faisant obeissent et entendent diligemment et vous prestent conseil, confort, aide et prisons, si mestier est et requis en sont. — Donné soubz le scel de la prevosté de Paris, le vendredi xxviiie jour de juingn mil ccc iiiixx et douze. — Ainsi signées : pour le roy. Collation est faite. A. Leproux. — Je ai pris, saisi, arresté et mis en la main du roy notre sire tous les chasteaux, villes, forteresses et aultres terres, possessions, revenues et biens meubles appartenant a messire Pierre de Craon, chevalier, et aux aultres ses complices — de commission, et par espécial le chastel, villes, terres, revenues et appartenances de La Ferté-Bernart appartenant a messire Pierre de Craon dessus dit. Et pour le bon honneur, bon rapport et témoignage qui de vous m'ont esté faitz, Je, par vertu d'icelles lettres et du povoir a moy donné et commis par ycelles, vous ay commis et commet, de par le roy notre sire, a la guarde d'iceulz chastel et ville et des biens meubles estant dedans ycellui chastel, lesquelx en vostre presence j'ay inventoriez. Et vous mande et commande de par ledit seigneur, par vertu dudit povoir que yceulx ville et chastel de La Ferté-Bernart gardez ou faites seurement garder par telle manière que le roy notre dit seigneur n'y ait aucun dommage ou prejudice; et vous ay donné et donne plain povoir et autorité de tenir et garder, — et telles que a bonne garde de forteresse et ville appartient a faire; mande et commande a touz a qui il appartient, par vertu d'icelluy povoir, prie et requier touz aultres, — en se faisant obéissent et entendent diligemment et vous prestent conseil, confort et aide se mestier en avez et par vous en sont requis. Donné à La Ferté-Bernard, soubz notre scel, le premier jour de juillet l'an mil ccc IIII^{xx} et douze. — Signé Hutin.

5° *Sceaux des sires de La Ferté, de la maison de Bellême.*
(Biblioth. du Mans; manuscrit de Gaignières.)

Le manuscrit historique sur parchemin, conservé à l'hôtel de ville de La Ferté-Bernard, nous apprend que les premiers seigneurs fertois avaient pour armoiries *deux léopards*, comme les seigneurs de la Guierche, et que les uns et les autres les tenaient de la maison de Normandie. Cette dernière, en faisant la conquête de l'Angleterre au XIe siècle, avait donné son écu au royaume conquis. C'est ainsi, du reste, que ces armoiries sont figurées sur les sceaux des cartulaires de la Couture et de l'Epau, dont Gaignières nous a conservé des extraits.

M. Hucher qui a une riche suite de matrices, a joint les dessins d'un grand nombre de sceaux intéressant le Maine, et qui publiera quelque jour, nous l'espérons bien, sa précieuse collection, nous a communiqué deux sceaux et un contre-sceau des seigneurs fertois au XIIIe siècle; ils sont tirés de l'ancien chartrier de la Couture, dont Gaignières avait fait le dépouillement. Le plus ancien, appendu à une charte de 1211, représente un chevalier, dans le costume du XIIe siècle, l'épée nue à la main, tenant de la droite son écu chargé *de deux lions passants*

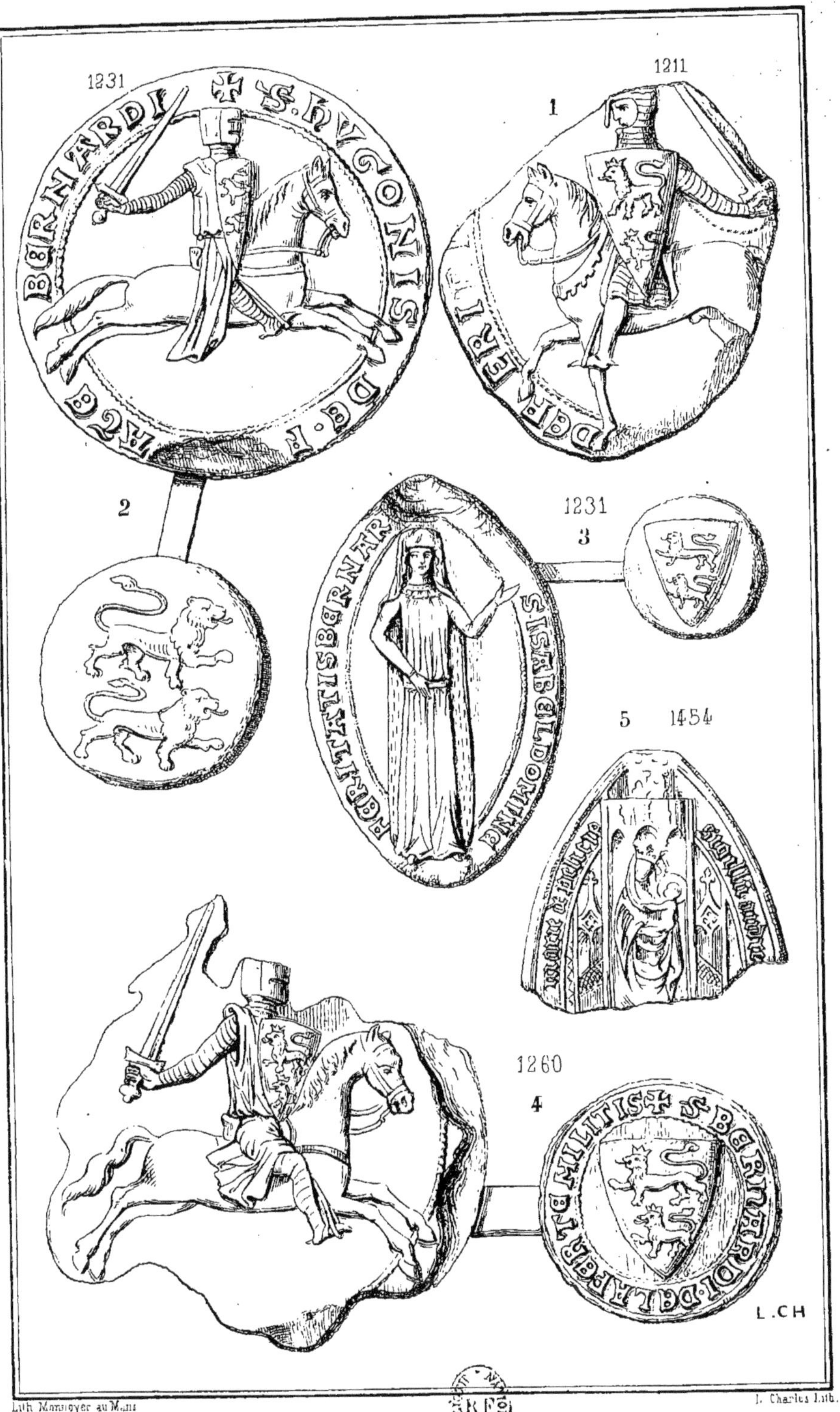

Lith Monnoyer au Mans

L. Charles Lith.

SCEAUX

des Seigneurs de la Ferté-Bernard.

couronnés Le cheval marche au pas. Pour légende..... DE FERI... (1).

Le second, qui est isolé, présente un cavalier *franchissant*, l'épée nue. Il tient de la main gauche son écu chargé de deux lions passants couronnés, ou léopards. Le costume annonce le milieu du XIIIe siècle. L'empreinte du contre-sceau reproduit l'écu. Pour légende : S. BERNARDI DE LA FERTE, MILITIS (2).

De plus, M. Anjubault, bibliothécaire de la ville du Mans, a eu l'obligeance de nous indiquer un autre manuscrit du collectionneur que nous avons cité précédemment (cartularium abbatiæ de Pietate Dei, ex regio codice et dont la copie existe à la bibliothèque. On y trouve un certain nombre de sceaux et de chartes relatives à notre ville. La filiation des seigneurs de La Ferté, au XIIIe siècle, peut être établie, grâce aux pièces suivantes que nous y rencontrons.

1231. — 1232. — 1233. Chartes relatives à une donation que fait, au couvent de l'Espal ou de l'Epau, HUGUES de La Ferté, du consentement d'Isabelle, sa femme. « Hugo, dominus Feritatis Bernardi, voluntate Ysabelle uxoris. » Scellé du sceau entier de Hugues : un cavalier *franchissant*, tourné à droite, portant l'écu chargé de deux lions *passants* : pour légende † S. HUGONIS DE ...TATE BERNARDI (3).

Le contre-sceau représente deux lions passants *contournés*.

Assentiment donné par Isabelle, dame de La Ferté : « Ego Ysabelle, domina Feritatis Bernardi, » à l'aumône faite par son mari, « dominus Hugo Feritatis, maritus meus. »

Scellé du sceau d'Isabelle : une femme debout, la main gauche à moitié levée. Pour légende, S. ISABEL DOMINE FERITATIS BERNAR.....

Contre-sceau de La Ferté : deux lions passants.

(1) Voyez la planche fig. 1.
(2) Voyez la planche fig. 4.
(3) Voyez la planche fig. 2 et 3.

1251. BERNARD, seigneur de La Ferté-Bernard, parle de son père « Hugues, d'heureuse mémoire », mort récemment : « Bernardus, dominus Feritatis Bernardi..... Bone memorie Hugo pater meus... » Ce personnage commanda les châteaux de Sablé, Diéxaide et de la Roche-aux-Moines, perdant que le saint roi Louis IX combattait en Palestine.

1269 « Noble homme Bernard, seigneur de La Ferté-Bernard, chevalier, « Bernardus dominus de Feritate-Bernardi miles », avec le consentement de noble dame Jeanne, son épouse, et de Hugues, leur fils aîné, « Johanne et Hugonis », récompense des services rendus. On voit que le fils aîné porte le nom de son aïeul : c'était assez la coutume à l'époque féodale.

1270. Bernard, Jeanne et Hugues qui prend de plus, à cette date, le nom de Huet : « Hugo Huetus. »

1290. Hugues, seigneur de La Ferté-Bernard, chevalier, reconnaît que feu Bernard, son père, dont il est l'héritier universel, a jadis vendu à Symon de Perrehot, clerc, entre autres choses, le manoir de la Chacefolie, à Cherré, et que l'acte est scellé des sceaux de feu Bernard, son père, et de Jeanne, sa mère. Scellé d'un sceau représentant deux lions passants, et pour légende..... COMITIS.....

1291. Hugo dominus Feritatis Bernardi (1).

Le même cartulaire nomme comme seigneurs de la Ferté, en 1378 : « Guillaume de Craon, vicomte de Châteaudun, et Marguerite de Flandre, sa compaigne »; en 1523, Claude de Lorraine, duc de Guise.

L'abbaye de l'Epau ne fournit point de renseignements avant 1228, date de sa fondation; mais, sur la foi d'autres documents que possèdent la bibliothèque du Mans ou les archives de la Sarthe, nous citerons des noms antérieurs au XIIIe siècle.

(1) Nous voyons encore figurer ce personnage, en 1296, dans un titre conservé aux archives de la Sarthe. (Vidimus de 1392.)

994 à 1036. Avesgaud, évêque du Mans, fils puîné d'Yves de Bellême, réside souvent à La Ferté, où il souscrit à la fondation du monastère de Lonlay, du prieuré de Solesme, et du monastère de Tuffé.

1076. Bernard, seigneur de La Ferté, et Hugues son frère, fils de Goslen Noëman, confirment le don du monastère de Tuffé fait à l'abbaye de Saint-Vincent.

1096. Le même Bernard, accompagné de Gauthier Chesnel et de Raoul de Prez, de Ceton, suit en Palestine Rotrou, fils du comte du Perche, leur suzerain commun. *(Hist. manusc. du Perche de René Courtin.)*

1136. N..., seigneur de La Ferté et de Malestable, fonde l'abbaye de Hallais, dans la paroisse de Bellou (Orne).

1190. Mort de Bernard de La Ferté (Histoire de la Couture). Son fils, nommé aussi Bernard, lui succède.

1211. Bernard de La Ferté (cart. de la Couture) (1).

1222. Don, par Hugues de La Ferté, de 15 sols de rente. (*Arch. munic. du Mans déposées à la biblioth., titre original.*)

Nous arrivons ainsi jusqu'au cartulaire de l'Epau.

L'étude des vieilles chartes et des cartulaires a, par les détails intimes qu'elle nous révèle sur le Moyen-Age, un véritable intérêt; quelquefois même, elle nous offre tout l'attrait de l'imprévu, par les lumières qu'elle jette sur cette curieuse époque, encore si peu connue et si mal appréciée. Et quand on ne rencontrerait là que les sceaux appendus au bas des transactions et des actes de toute nature, n'est-ce pas comme pour répondre à notre évocation du passé, que ces images de *seigneurs* et de *dames* nous apparaissent sur des empreintes vieilles

(1) En 1207, Philippe-Auguste donna les provisions de *Banneret* du Fertois et de ses dépendances, tant au Maine qu'au Perche, au sire du Crochet. Cette charge fut confirmée, en 1364, à un écuyer de cette famille, nommé Jean. *(Hist. manusc.)*

de cinq ou six siècles ? Qu'on ne croie pas, du reste, que les sceaux ne rappellent, de cette époque, qu'un petit nombre d'individualités dominant toutes les autres ; au-dessous d'elles, dans une sphère plus restreinte, s'agitaient une foule de personnages de second ordre, de petits feudataires, qui, après les premiers, occupent presque toute la place dans l'histoire. Il y a, dans le pays fertois, un grand nombre de simples fermes, jadis petits fiefs, où le noble homme et la noble dame de *céans* scellaient également de leur effigie et de leurs armes.

Les limites étroites dans lesquelles nous sommes renfermé n'ont pas permis de donner à cet essai historique toute l'étendue que comporte la matière. Nous avons dû nous borner à un résumé succinct de ce que les annales de la ville offrent de plus intéressant : notre tâche, c'était d'y faire entrer l'essentiel. Nous renvoyons, pour plus de détails, à quelques-unes de nos précédentes publications dont la spécialité laissait plus de latitude (1). Au lieu de reproduire ces détails, nous avons préféré les remplacer ici par des documents nouveaux qui, sous le titre de *Pièces justificatives*, constituent l'histoire authentique de La Ferté-Bernard. Ils sont, pour la plupart, tirés de dépôts ignorés jusqu'à présent, et qui le seraient longtemps encore, si nous ne les faisions connaître. Et d'ailleurs, les archives d'une ville ne font-elles pas partie de ses monuments ? A ce titre, elles trouvaient naturellement place dans notre travail.

(1) Histoire de l'église de La Ferté-Bernard. In-12. — Mamers, impr. de J. Fleury. — 1845.
Notice sur le château de La Ferté-Bernard. — Bulletin monumental. — Année 1847.
Notes biographiques sur le canton de La Ferté-Bernard. — Le Mans, Gallienne. — 1851.
Atelier de verriers à La Ferté-Bernard, à la fin du XVe siècle et au commencement du XVIe. — Id.

L. CHARLES.

Le Mans. — Impr. Monnoyer. — Nov. 1855.

IMPRIMERIE-LIBRAIRIE MONNOYER

AU MANS (SARTHE)

Calques des Vitraux peints de la Cathédrale du Mans, publiés en 10 livraisons, format grand-colombier, par M. E. HUCHER. La livraison.......... 45 f. »

(*Cet ouvrage a été honoré d'une médaille de 2e classe, à l'Exposition universelle de* 1855).

Études sur l'histoire et les monuments du département de la Sarthe, avec planches in-folio et nombreuses vignettes, par MM. E. HUCHER, LASSUS, DROUET, ANJUBAULT et CHARLES..... 7 50

Analyse des Documents historiques conservés dans les Archives du département de la Sarthe, par M. Ed. BILARD, 1re partie, 1 vol. in-4o. (*2e partie sous presse*).......... 7 »

Dissertation sur les incursions normandes dans le Maine, par M. G. de LESTANG, in-8o.......... 5 »

La Ferté-Bernard, son histoire et ses monuments, in-8o, par M. L. CHARLES, 3 planches.......... 2 50

Sillé-le-Guillaume et ses Environs, in-8o, par M. E. HUCHER, vignettes et planches gravées et lithographiées.......... 2 50

Note sur une ancienne étoffe de soie, in-8o, par M. E. HUCHER, vignettes.......... 1 50

Pierre tombale de Saint-Ouen, in-8o, par M. E. HUCHER, vignette.. 1 »

Sigillographie du Maine, in-8o, par M. E. HUCHER, vignettes....... 1 »

Première lecture du nom de Salomon, inscrit sur le phylactère de l'une des statues cariatides du Portail roman de la Cathédrale du Mans, in-8o, vignettes.......... 1 »

Notice sur une fibule mérovingienne à inscriptions chrétiennes, in-8o.......... 1 »

Administration municipale dans la province du Maine, par CAUVIN. 5 »

Recherches sur les établissements de charité, par le même....... 5 »

Statistique de l'arrond. de La Flèche (Annuaires administratifs), 1831 5 »

Hôtel-de-Ville, gouverneur et lieutenants du Maine (Ann. ad.), 1835 5 »

Observations topographiques sur le diocèse du Mans (Ann. ad.), 1838 5 »

Etats du Maine, députés, sénéchaux (Ann. ad.), ... 1839 5 »

Essai sur l'armorial du diocèse du Mans (Ann. ad.), ... 1840 5 »

Documents relatifs à l'histoire des corporations d'arts et métiers du diocèse du Mans (Ann. ad.), ... 1846 5 »

Id. *Id.* 1847 5 »

SOUS PRESSE :

L'Histoire du Jeton, considéré dans ses usages et dans ses types, depuis l'époque de saint Louis jusqu'à la Renaissance, par MM. ROUYER et E. HUCHER; 25 planches représentant plus de 240 jetons pour la plupart inédits, in-8o.......... 10 »

Typ. Monnoyer, au Mans. — Déc. 1855.

www.ingramcontent.com/pod-product-compliance
Ingram Content Group UK Ltd.
Pitfield, Milton Keynes, MK11 3LW, UK
UKHW020339250726
13967UKWH00005B/2019